U0829912

国家级示范院校精品规划教材

旅游公关礼仪

黄 蓉 编 著

天津大学出版社
TIANJIN UNIVERSITY PRESS

图书在版编目（CIP）数据

旅游公关礼仪 / 黄蓉编著. --天津：天津大学出版社，2015.6（2021.1 重印）
国家级示范院校精品规划教材
ISBN 978-7-5618-5336-8

Ⅰ. ①旅… Ⅱ. ①黄… Ⅲ. ①旅游业—公共关系学—礼仪—高等学校—教材 Ⅳ. ①F590.63

中国版本图书馆 CIP 数据核字（2015）第 143378 号

出版发行 天津大学出版社
地　　址 天津市卫津路 92 号天津大学内（邮编：300072）
电　　话 发行部：022-27403647
网　　址 publish.tju.edu.cn
印　　刷 北京盛通印刷股份有限公司
经　　销 全国各地新华书店
开　　本 185mm×260mm
印　　张 9
字　　数 225 千
版　　次 2015 年 7 月第 1 版
印　　次 2021 年 1 月第 3 次
定　　价 30.00 元

前 言
Preface

旅游业不仅要满足人民群众日益增长的物质文化需求，还担负着作为对外交往窗口和桥梁的重任。旅游工作者的工作，包括日常接待和旅游服务，无论在本质上还是在形式上，都是一种以礼仪为核心的人际交往工作。同时，礼仪本身就是服务产品的主要内容，也是旅游服务质量的最终体现。目前中国已成为世界重要旅游目的地，对旅游工作者来说，懂礼貌、讲礼仪既是做好旅游工作的需要，又是提高旅游服务质量的要求，不但关系到旅游企业的声誉，而且直接影响到我国的对外形象。正是基于以上原因，笔者编写了本书。

本书是笔者在总结多年旅游科研、教学和实践经验的基础上，参阅相关书籍和服务规范编写而成的。本书注重内容的系统性、实用性、指导性以及知识性等多方面的结合，力求能够对学生今后的工作提供帮助和指导。

本书可作为大专院校旅游专业的教学用书，亦可作为旅游管理部门和服务人员的工作指导手册及培训教材。

在本书的编写过程中，笔者参考了专家和学者的有关论著，从中借鉴了一些有价值的资料和有启发性的观点，同时本书的出版还得到了三峡大学教材建设专项经费资助，在此一并表示衷心的感谢。

旅游公关礼仪内容涉及面广，知识更新快，因此书中有些内容尚待进一步完善。另外，由于时间仓促及个人能力有限，本书不足之处在所难免，恳请读者不吝赐教。

黄 蓉

2015年3月

目 录
Contents

第一章 礼仪概述 // 1

第一节 礼仪的概念和起源 // 1
第二节 现代礼仪的特征和功能 // 2
第三节 旅游公关礼仪的意义和关键点 // 4

第二章 旅游工作者仪容仪表 // 8

第一节 个人形象 // 8
第二节 仪容礼仪 // 11
第三节 着装礼仪 // 15
第四节 西装礼仪 // 19
第五节 套裙礼仪 // 24
第六节 饰品礼仪 // 27

第三章 旅游工作者言行举止 // 29

第一节 语言礼仪 // 29
第二节 称呼礼仪 // 40
第三节 仪态礼仪 // 44
第四节 介绍礼仪 // 54
第五节 握手礼仪 // 56
第六节 名片礼仪 // 58
第七节 电话礼仪 // 60
第八节 礼品礼仪 // 64

第九节　送花礼仪 // 67
第十节　位次礼仪 // 71
第十一节　拜访礼仪 // 75
第十二节　宴会礼仪 // 79
第十三节　西餐礼仪 // 82
第十四节　自助餐礼仪 // 85
第十五节　舞会礼仪 // 87

第四章　导游服务礼仪 // 91

第五章　酒店服务礼仪 // 94

第一节　应接礼仪 // 94
第二节　总台礼仪 // 96
第三节　餐厅礼仪 // 97
第四节　客房礼仪 // 99

第六章　民族和宗教礼仪 // 101

第一节　民族礼仪 // 101
第二节　宗教礼仪 // 103

第七章　国际礼仪 // 109

第一节　文化差异与国际通则 // 109
第二节　我国主要客源国和地区礼仪习俗 // 115

参考文献 // 136

第一章
礼仪概述

❑ **学习内容**

- 礼仪的概念和起源
- 现代礼仪的特征和功能
- 旅游公关礼仪的意义和关键点

礼仪反映了一个民族的文明程度和一个国家的国民素质，无论是人际沟通与交往，还是企业的形象宣传，都离不开礼仪这个媒介，礼仪还是衡量一个人修养和内涵的尺度。因此，学礼、知礼、用礼不仅是每个具有现代意识的人的主观意愿，更是整个人类共同生活的客观需要。高雅的仪表风度、高超的语言艺术及良好的个人形象，能展示个体的气质修养，赢得大家的尊重，是广交朋友的法宝和生活与事业成功的基础。学习礼仪和运用礼仪已经成为大势所趋。

旅游业的重要特点之一就是以“礼”服人，因此知礼和用礼应成为我国旅游业工作者的基本素养，以便为中外旅游者提供优质的旅游服务，并树立良好的企业形象、地方形象和国家形象。

第一节　礼仪的概念和起源

一、礼仪的概念

“礼”指表示尊敬的言语或动作。“仪”指仪式，是按程序表示的礼节。礼仪是指在人际交往中，人们为表示相互尊敬和友好而共同遵循的约定俗成的行为规范和交往程序。礼仪既可以指在较大、较正式场合隆重举行的各种仪式程序，也可以泛指人们在社交活动中的各种礼节。礼仪是一种非强制性、适用范围广的行为规范和准则。

二、礼仪的起源

礼，无疑是一种文化，属于上层建筑。在中国传统文化中占主导地位的儒家文化就是以礼为其核心思想的。它有着宏大的理论体系，并构建了完整的伦理、道德行为规范和政治行为规范。礼的起源及演变是与人类社会发展水平、社会经济基础相适应的，以物质生产的发展为其发展基础，随着社交实践和其他社会活动的发展而发展。

以下是关于礼仪起源的几种学说。

（一）祭天敬神说

在生产力水平极端低下的原始社会，人类对风、雨、雷、电、地震、洪水等自然力量充满敬畏，因而对其主宰者“天”或“神”进行顶礼膜拜，通过一些形式举行祭祀活动。这种祭祀行为就是最简单、最早的“礼”。

（二）交往安全说

人类的祖先以部落为单位生存，在打猎时，不同部落的狩猎者之间必须保持适当的距离，以免造成伤害。当两个部落的狩猎者相遇时，如果双方都没有敌意，便伸出右手，手心朝前，向对方表示自己手中没有石头或其他武器；走近之后，互相摸摸右手以示友好。这一动作沿袭下来，便成为今天人们常用的表示友好的握手礼。

（三）禁忌避害说

人们对被认为是神圣的、不洁的、危险的事物所采取的态度，后来形成了某种禁忌。原始先民认为，严格遵守禁忌可以对人们起到保护作用，否则会受到严厉的惩罚。因此，社会通过某种仪式规定人们的言行，这也就形成了最初意义上的礼。“禁忌”属于风俗习惯，与法律制度意义上的“禁止”和道德规范意义上的“不许”都有着十分明显的区别。

第二节　现代礼仪的特征和功能

一、现代礼仪的特征

现代社会，礼仪的本质已从维护等级制度转变为协调人际关系，礼仪为人们灵活处理各种复杂的人际关系，避免摩擦、减少冲突、化解纠纷和矛盾提供了手段和方法，也为人们提供了展现自身修养和树立良好形象的最直接方式。

现代礼仪的基本特征是时代特征与社会特征的完美结合。它以科学精神、民主思想和现实生活为基础，以新颖、实用、简单、灵活的形式体现出高效率与快节奏的时代特点。现代礼仪具有不同于古代礼仪的以下几种特性。

（一）平等性

现代礼仪以相互平等、相互尊重为原则。个人之间、集体之间或国家之间，无论大小和强弱都应当一律平等。违背了相互平等、相互尊重的原则，也就违背了现代礼仪的基本准则。

（二）真实性

真、善、美的统一是现代礼仪的基本要求。现代礼仪力求表达人们真实的情感，其传递的信息应被双方准确无误地认识和理解，强调内容与形式的统一，即真实情感与行为方式的一致性。

（三）国际性

作为一种文化现象，礼仪是全人类的共同财富。它跨越了国家和地区的界限，为世界各国人民所共同拥有。尽管不同的国家、不同的民族、不同的社会制度所形成的礼仪有一定的差异，但在讲文明、懂礼貌、相互尊重原则基础上形成的完善的礼节形式，已为世界各国人民所接受并共同遵守。

（四）发展性

由于现代生活具有多元、丰富、多变的特点，现代礼仪也具有时代性，随着时代的发展而发展。现代礼仪体现新的社会道德规范和新型人际关系，在实践中不断更新并丰富其内容和形式。

二、现代礼仪的功能

随着社会的不断发展，礼仪已渗透到人们日常生活的方方面面并发挥着重要的作用。现代礼仪的功能主要有以下几项。

（一）教育功能

现代礼仪是现代文明的集中体现，有着丰富的文化内涵，体现着社会的要求与时代的精神，让国民接受礼仪教育可以从整体上提高国民的综合素质。

大凡到过新加坡的人，都对这个美丽的花园岛国留下了深刻的印象。这与新加坡长期在国民中大力开展礼仪教育有很大的关系。20 世纪 70 年代后期，当时的新加坡总理李光耀就提出了要把新加坡建成一个“富而有礼”的国家，政府在大力抓国民经济建设的同时，将以礼仪教育为中心的国民素质教育提高到一个非常重要的位置，甚至将“忠、孝、仁、爱、礼、义、廉、耻”八种美德列入政府必须贯彻的“治国之纲”。在新加坡，礼仪教育是每个公民都必须接受的教育内容之一。为规范国民行为，使之养成良好的礼仪习惯，政府甚至运用了法律手段来强化国民的礼仪意识。最终，新加坡的国民素质之高赢得了世界的公认。

可见，大力倡导礼仪教育以提升国民素质实有必要。

（二）沟通功能

维系人际沟通与交往的礼仪承担着十分重要的“润滑剂”作用。交流双方的行为只有符合礼仪的要求，人际交流才能得以正常进行和延续。热情的问候、友善的目光、亲切的微笑、文雅的谈吐、得体的举止等可以唤起人们的沟通欲望，使彼此建立起好感和信任，进而促进交流的成功。

（三）协调功能

由于人们受教育程度和成长环境不同以及个性、职业、年龄、性别等方面存在差异，导致了人们在人际交往中不同的角色取向。在人际交往中，为了维护自身利益，人们在行为方式上往往不同程度带有利己排他的倾向，这就必然会使交往双方发生不同程度的矛盾和冲突。礼仪的原则和规范约束着人们的动机，指导着人们的行为方式，从而很好地协调着人与人之间的关系、人与社会的关系，使人们在相互理解、相互尊重的前提下友好相处，使社会秩序井然有序。

（四）创造功能

现代礼仪作为规范和约束人们行为的准则，不仅潜移默化地净化着人们的心灵，还从行为美学方面指导着人们不断充实和完善自我。通过接受良好的礼仪训练，人们的服饰与装扮变得越来越富有个性并符合大众的审美原则，仪态和谈吐变得越来越优雅并体现出具有时代特色的精神风貌。总之，礼仪帮助人们创造了一个全新的自我，使人们在社交场合、在公众面前更加注意塑造自身的良好形象，充分展示自己的风采。

（五）服务功能

在现代社会的旅游服务行业，优质服务的标准是最大限度地满足客人的需求，尤其是满足客人的精神需求。在客人的精神需求中，“求尊重”的需求始终处于第一位，而礼仪的“敬人”原则恰好满足了客人的这种需要。因此，在旅游服务行业，礼仪服务是优质服务的主要内容。它通过服务人员良好的仪容、仪表、仪态，规范得体的礼貌服务用语与标准的服务操作程序，亲切的笑脸、耐心的态度、细致而周到的体贴与关怀，将“客人是上帝”这一传统而又全新的服务理念演绎得淋漓尽致。

（六）维护功能

社会的发展与稳定、家庭的和谐与安宁、邻里的和睦、同事间的信任与合作，都有赖于人们共同遵守礼仪的规范与要求。礼仪作为营造温馨氛围的灵丹与伸缩有度的准绳具有举足轻重的作用。

第三节　旅游公关礼仪的意义和关键点

旅游公关礼仪是指旅游工作者在人际交往或对客服务中，为表示相互尊敬和友好，而共同遵循的约定俗成的行为规范和交往程序。

一、旅游公关礼仪的意义

（一）体现良好的国家形象

旅游服务行业是国家的窗口行业，具有社会性和服务对象广泛性等特点。旅游者来自五湖四海，不可能有较长的时间来深入了解某一地区或国家，他们往往通过与其接触的旅游服务人员来评判一个国家、地区所具有的文明程度和精神风貌，甚至旅游服务人员的服务效果会增加或减少他们对这一国家或地区的喜爱程度。所以有人把旅游工作者比喻成一个国家或地区的镜子。这面镜子是否光洁照人，可以使这一国家、地区在游客心中留下不同的印象。因此，具有良好礼仪修养的旅游工作者不仅受到旅游者的欢迎，还能为其所在的企业、城市、国家树立良好的形象，赢得荣誉。相反，旅游工作者不注意礼仪修养所造成的影响远比一般的人际交往大得多，甚至会影响到国家与国家之间的关系。

（二）给旅游者美的享受

旅游，从本质上说就是一种审美活动。旅游涉及审美的一切领域，又涉及审美的一切形态。旅游者在旅游活动中希望通过各种事物发现美，达到精神上的审美愉悦。他们不但把景观作为审美客体，还把旅游工作者本身也作为审美客体来进行审视。所以，旅游工作者是旅游审美活动中不可缺少的一部分。

在旅游者的审美活动中，旅游景观是客观存在的，是静态的；而旅游工作者的言行举止在整个服务过程中却是动态的。服务人员的服务过程也正是旅游者的接受过程和审美过程。旅游服务人员传递给旅游者的信息是温暖的微笑、优雅的风度、得体的打扮、动听的语言，不仅能使旅游者得到悦耳、悦目的审美效果，而且能唤起旅游者心灵深处的情感力量和道德力量，进入悦志、悦神的审美境界。所以旅游工作者的礼仪修养可以强化旅游者的审美感受，对其整个旅游活动是否满意产生重要的影响。

（三）是解决旅游服务纠纷的“润滑剂”

旅游工作接触面广，而不同国家、不同民族，甚至不同个人的信仰和生活习惯都各不相同，要使每位客人都满意确实十分困难。在工作过程中，发生一些纠纷事件也是不可避免的，重要的是如何去对待纠纷、处理纠纷。

无论纠纷是由物质性服务引起的，还是精神性服务引起的；也不管是工作人员的问题，还是客人本身的问题，处理纠纷的第一条原则是要有理、有节地进行处理。任何与客人争吵打斗的言行都是不礼貌的，也是不允许的，工作人员的不礼貌言行只会激化矛盾。有些客人，当工作人员态度和蔼地听他讲完抱怨之事，他的情绪就会慢慢平静下来，甚至还会发现自己的不对之处，不需要工作人员再做什么他就满意了。所以，礼仪修养在处理纠纷时，显得比平时更重要，当然，做起来也比平时更困难。有时即使接待硬件稍差一些，良好的礼仪服务也可以进行一定程度的弥补，得到客人的谅解。

（四）改进旅游企业内部的经营管理

一个旅游企业往往由多个分工不同的部门组成，部门之间存在着相互协作、相互支持的关系，各部门工作人员之间也需要互相合作和帮助。如果旅游工作人员之间、部门与部门之间都能互相支援、互相体谅，遇事能多为对方着想，在沟通方面注意礼节和分寸，不仅可以调节员工之间、部门之间的关系，形成相互尊重、团结协作的风气，而且可以减少工作内耗，提高工作效率，为企业创造更多的经济效益和社会效益，同时也能创造一个宽松的工作环境。

二、旅游公关礼仪的关键点

（一）尊重

根据马斯洛的需要层次理论（见图 1-1），尊重需要是人内心深处的高层次需要。旅游接待与服务工作本身就是以满足客人的需要为前提的。而在客人的各种需要中，尊重需要往往是第一位的。礼仪以尊重为基础，尊重体现在礼仪的每一个细节之中，如挂电话的顺序、乘车的位次等。旅游公关礼仪正好能满足客人的这种需要。

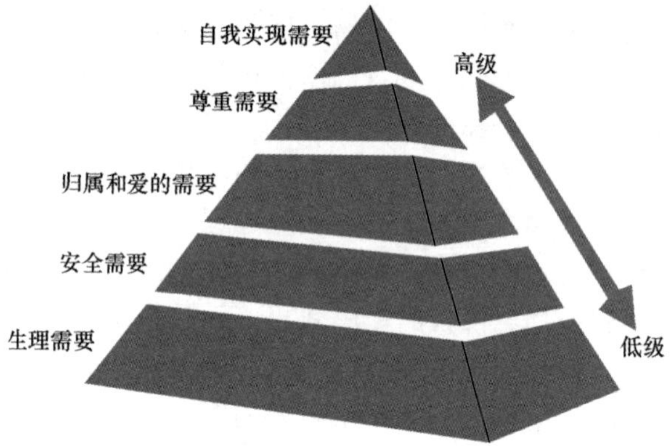

图 1-1　马斯洛的需要层次理论

另外，尊重是相互的。俗话说“种瓜得瓜，种豆得豆”，把这条朴素的哲理运用到旅游社交中同样合适。可以说，你只有处处尊重别人，才能让别人处处尊重你，尊重别人其实就是尊重自己。

（二）规范

从礼仪的概念可以看出，礼仪本身就是针对人的仪容仪表以及言谈举止的一系列约定俗成的规范，如面容整洁、穿着得体，站有站相、坐有坐相等。旅游工作人员唯有如此，才能给客人以信任和好感，树立良好的个人形象及组织形象。

（三）沟通

沟通是指双方通过一定的信息交流而相互了解的过程。在当今世界上，虽然通信科技发展迅速，却并不意味着人们可以更好地相互理解和沟通。相反，我们常常看到沟通障碍带来的误解、偏见和仇恨。掌握基本的沟通技巧和语言艺术，与客人进行良好的交流，是旅游工作人员应具备的基本礼仪素养。

（四）互动

礼仪是发生在人际交往中的规则，必然会涉及交际双方的互动。与人交谈时，对对方的见解或提问没有恰当的反应，是极为失礼的行为。此时，或点头示意，或微笑回应，或语言答复，都是工作人员最基本的待客之道。

（五）心态

心态直接决定人的生活、工作和人际关系，可以通过表情和行为体现出来。对同一件事物，如对客服务工作，不同的人心态是不一样的。在丽思·卡尔顿酒店有一句非常著名的话："我们是绅士和女士，为绅士和女士服务。"这家酒店的员工认为，他们谦和有礼地提供服务不是因为客人比他们高贵，而是出于他们的教养和礼貌。旅游服务人员把自己看成绅士和女士，而不是低人一等的人，这是一种非常健康的心态。

旅游服务人员应把握礼仪分寸，在与人交往时，要彬彬有礼，但不能低三下四；要热情大方，但不能轻浮阿谀；要自尊，但不能自负；要坦诚，但不能粗鲁；要谦虚，但不能拘谨；要老练持重，但不能圆滑世故。堂堂正正、坦诚乐观、豁达开朗、从容不迫、落落大方、一视同仁，是一切社交活动和工作时应该遵守的基本准则。

第二章 旅游工作者仪容仪表

❑ **学习内容**

- 个人形象
- 仪容礼仪
- 着装礼仪
- 西装礼仪
- 套裙礼仪
- 饰品礼仪

仪容仪表包括人的容貌、发型、身材、服饰等，是一个人总体形象的重要组成部分。它之所以能成为影响人际吸引的一个重要因素，是由人的审美倾向和审美心理的特殊性决定的。外在的美能够带给人愉悦心理和美感享受，使人们对感官美的需求十分重视，它是人性中最原始的生理需求和较高心理需求层面的审美需求的结合体。

对于旅游工作者来说，外貌修饰是很有必要的。适当的外貌修饰会使自己容光焕发、充满活力。女性应尽量展示出稳重、贤淑、典雅、端庄而又不失敏捷的个性风采，并充分体现出东方女性的温柔、含蓄之美；男士的仪容最重要的不在于如何修饰与装扮，而应尽量体现出一种整体的美感，展现其刚毅与果敢、机智与稳重的个性风采，充分体现出男性的阳刚之美。

仪容仪表在人际交往过程中起着不可忽视的作用。但是研究也同时表明，随着交往时间的延长和双方了解程度的加深，仪表因素的影响会逐渐减弱，人际交往的吸引力将会从外在仪表的吸引逐渐进入对内在品质的认同。

第一节 个人形象

个人形象包括仪容仪表、言谈举止两大部分。

一个人的形象往往是他人关注的重点，尤其是初次见面以及直接对客服务的旅游工作者。旅游工作者的仪容仪表、言谈举止，不仅代表着个人形象，更是代表着企业形象、地方形象乃至国家形象。

第一印象因为带有先入为主的定位判断，所以很容易导致偏见的产生，它微妙而深深地影响着人们相互间的关系，故而第一印象非常重要。初次交往时，应尽可能给对方留下一个良好的第一印象。

个人形象包括六个方面。

一、仪容

仪容指的是个人的容貌，它由发型、面容以及所有未被服饰遮掩、暴露在外的肌肤（如面部、颈部、手部、脚部肌肤等）构成。

一个人的长相是先天的，很难改变，但一个人的容貌却可以通过各种途径来美化、装扮，甚至锦上添花。关键在于必须懂得一定的美容常识，懂得如何发挥自己容貌的优势，并通过有效的途径来弥补自身的缺陷与不足。

二、表情

表情主要是指面部的神态、气色的变化，通过眼、眉、口、鼻及面部肌肉的综合作用来体现。常见的表情有目不转睛、目光呆滞、愁眉不展、眉开眼笑、眉飞色舞、张口结舌、咬牙切齿等。

表情是人的第二语言，能传递各种各样的信息。它是一个人心情的体现，也是人性的一面镜子。表情可以弥补口头语言的不足，有时，它还能比口头语言更为准确地反映出当事人的真实情感。

旅游者常常通过面部表情来了解旅游服务人员的服务态度，因此，面部表情要根据接待对象和说话的内容而变化。旅游工作者的表情要求从容自然、高雅大方、诚挚友善、宽容随和、良性互动。

微笑是一种所有人都懂得的世界性语言，也是最适合旅游工作者的一种表情。一家大酒店的人事主任说："要是一个应聘者经常发出具有亲和力的微笑，那么，他就是小学程度我也乐意聘用。要是一个博士，老是摆个扑克牌（花牌）的面孔，就是免费来我们酒店工作，我也不要。"因为，友善、关爱、尊重、宽容等众多的情感，都在微笑中传达出去了，所以有人把微笑比喻为最好的化妆品。真正懂得微笑的人，总是容易获得比别人更多的机会，总是更容易取得成功。一个人，只有心地善良，乐于助人，对生活充满热情，才能在交际活动中完美地掌握这种高级的社交手段。

三、服饰

服饰是一种传达着装者的思想、情感的非语言信息，用世界知名服装心理学家高莱的话来讲："着装是自我的镜子。"在人际交往中，服饰在一定程度上反映着一个人的个性、爱好、职业、文化素养和审美品位，同时它还体现着民族的习俗与社会的风尚，也涉及个体对自己所处的场合是否关注和重视以及对交往对象是否尊重。

一个人的穿着打扮，会给人留下深刻的第一印象，可能是使人愉快的，也可能是令人厌恶的。所以，服饰对于所有的职场人士来说，都是一个值得用心的问题。旅游工作者的服饰不在于华丽，而在于得体，即符合身份、扬长避短、区分场合。

四、谈吐

谈吐即语言，有的人谈吐高雅、妙语连珠，让人百听不厌；有的人言语含混、呆板乏味，使人兴致索然。可见，语言表达是有高低优劣之分的。

对旅游工作者来说，同客人说话时不仅应讲究语音、语调的艺术，做到说话清晰、音量适中、声调温和，还要注意用语文明、慎选内容、委婉表达等。

五、举止

旅游工作者是一个企业、地区乃至国家的形象大使，其举止行为尤其应严格自律，注意细节。总体来说，有以下方面的要求。

1）举止应文明。不当众随意整理服饰、处理身体废物，如不在他人面前吐痰、抓痒、挖鼻孔、掏耳朵、擤鼻涕、打喷嚏、修指甲等。这些动作不仅极不文明，而且令人厌恶。

2）举止应规范。礼仪就是人与人之间体现相互尊重的一系列规范，如从仪态的角度来说，应站有站相、坐有坐相。不仅如此，旅游工作者的言谈举止都应符合一定的礼仪规范，方能体现对客人的尊重。

3）举止应优雅。在旅游接待工作中，从业者在不同场景、不同服务过程中可以通过一言一行、一举一动的外在形式反映出风度美，如优雅、潇洒、帅气。旅游工作者的风度应是不卑不亢、落落大方的，这是旅游职业道德的要求，也是审美的要求。

六、待人接物

待人接物体现的是个人的综合素养，是一种言谈举止都能为公众接纳和包容的能力。旅游工作者在仪容仪表上特别强调气质、风度，在行为举止上特别强调规范、优雅，在语言表达上特别强调恭敬、谦和，在处理人际关系上特别强调宽容、大度，在个性品质上特别强调开朗、随和，在个人能力上特别强调多才、多艺等，因为这一切都是决定一个人能否拥有交际魅力的关键所在。一个充满交际魅力的人，会使人主动亲近他、接受他、适应他，这样人际差异矛盾就会得到有效消除，人际关系磨合期也就能较快顺利度过。

除了以上各方面，待人接物还需要特别注意以下几点基本事项。

1）诚信为本。只有诚实守信，才能创造和谐愉快的人际关系。诚实守信表现为不骗人、不虚伪，所谓“骗人一次，终身无友”。诚信与否会直接影响与对方的合作，影响可持续发展。

2）遵时守约。过去小农经济时期人们时间观念不强，现代社会时间就是金钱、效率和生命，要珍惜自己的时间，更不要浪费别人的时间。

3）遵纪守法。“没有规矩，不成方圆”，法规和纪律是每个人在社会上从事各种活动的行为准则，遵纪守法是每个社会公民的义务。旅游工作者为人处事唯有遵纪守法，才能赢得他人的尊重。

第二节 仪容礼仪

仪容美不仅是礼仪的基本要求，也是事业成功的必要条件。旅游工作者须时时关注自己的仪容，始终保持容光焕发、精神饱满的工作状态，应掌握基本的面部护理及化妆知识和相关礼节。

一、仪容整洁

（一）面部

每天早晚要坚持洗脸洁面，及时清除附在面颊、颈部、耳后的污垢、汗渍等不洁之物。男性因毛孔较粗，油脂分泌多，应合理选用护肤品，经常进行面部皮肤的护理，以保持面部的洁净和润泽。

保养皮肤需要良好的生活习惯，旅游工作者应注意起居有规律，劳逸结合，不抽烟、不酗酒。夜间是身体新陈代谢调整肌理的最佳时间，长期睡眠不足对皮肤有直接损害，应注意避免。

（二）眼部

正常情况下，眼角会出现分泌物，它给人的印象极其不雅，故应经常及时地将其除去。戴眼镜者还须注意，眼镜片上的污物也要及时去除，保持镜面洁净。

（三）鼻部

在外出上班或出席正式活动前，要检查鼻孔内的鼻涕、鼻屎，须去除干净。平时还应注意检查鼻毛是否露出鼻外，并及时修剪。

（四）耳部

注意耳部清洁，避免耳道分泌物堆积，应使之“一尘不染”。

（五）口部

口部的多余之物，如嘴角沉积的唾液、飞沫，牙缝间遗存的牙垢、食物残渣，口腔异味等，令人厌恶，必须随时自检，及时清除。上班前不喝酒，忌吃大葱、大蒜、韭菜等刺激性的异味食物。与人交谈时要保持适当的距离，切不可口沫四溅。

（六）颈部

颈部皮肤是很容易被忽略遗忘的地方，也是人体最容易显现一个人年龄的部位。因此，在日常生活中要像保养面部一样，注意保持颈部肌肤的清洁，加强颈部的运动与按摩，使之健康、光洁。

（七）手部

俗话说“手是人的第二张脸”，可人们往往将大量的时间和金钱花在面部肌肤上面，而忽视了手部的保养和护理，影响仪容的整体效果。

指甲容易藏污纳垢，给人以不卫生的印象，留长指甲不符合旅游工作者的身份，故而要常清理、修剪指甲。不要涂有色的指甲油，同时注意去除甲沟附近的“爆皮”。

（八）脚部

人的两只脚如同一个底座，承受着人体的全部重量，因此，每个人都应该呵护自己的双脚。脚部肌肤如果干裂、缺乏光泽甚至长茧变形，会严重影响美观和整体形象。

脚部护理包括治疗脚底老茧，清除脚臭，处理脚上多余的汗毛，脚部按摩，修剪脚指甲等。

二、美容礼仪

美容是一门艺术，它涉及美学、生理学、心理学、造型艺术等学科。化妆是一种技术技巧，它不是单纯的涂脂抹粉，更不是把自己打扮得花枝招展，而是塑造出淡雅、清秀、健康、自然的容貌。

大多数人的面容都不是十全十美的，都有这样或那样不尽如人意的地方。对旅游工作者而言，是在扬长避短的原则下，采用简单的手段，在面部各个部位进行巧妙的修饰，恰如其分地突出自己原有的自然美，减弱和遮盖容貌上的不足和缺陷。男员工不需化妆，但要经常修面、剪鼻毛。

美容与化妆知识是旅游工作者的一门必修课。美容、化妆并非追求个人奢华，而是改善面貌、调节情绪的一种有效途径。适当地进行带有职业个性特征的化妆，可以极大地改善人的精神面貌，使之在工作岗位上始终保持神采奕奕的精神状态，激发做好本职工作的热情。同时，淡妆上岗作为旅游接待与服务人员的一项基本工作要求，其主要目的是作为一种礼节形式，表示对客人的礼貌和尊重，使客人从对员工仪表美的享受中，得到被重视的满足，同时增加信任感。

对旅游工作者来说，其工作妆在礼仪方面有以下要求。

（一）自然

化妆不宜过分浓，应自然雅致、不露痕迹，以突出面部轮廓优点与掩饰缺陷和弥补不足为原则，而不需要改变和重塑形象。舞台妆、明星妆、梦幻妆之类夸张的化妆样式，如文眉、文眼线、贴假睫毛，只适合于特定的环境、特定的人士。化妆过浓不仅对皮肤有害，而且会让客人感觉轻浮、俗气。上班时浓妆艳抹、香气扑鼻，是不适宜的，故旅游职业女性在一般场合中不要浓妆上岗。在一般情况下，化妆应当若有若无。在化妆之后，令人浑然不觉，好似一切都出自天然，“妆成有却无”才是最高境界。

（二）符合常规

最基本的规则是在不同场合化不同的妆，即化妆或浓或淡要视时间、场合而定。在日光下的工作场合应采用表现自然、质朴、亲切的淡妆，选择和自己肌肤颜色相近的口红。反之，厚厚的粉底、鲜艳的唇膏、浓浓的香水，不仅与周围的工作气氛不相宜，还让人感觉不够稳重，没有把注意力放在工作上；晚上参加舞会、宴会等社交活动时，在灯光照耀下妆色可浓些，还可使用发亮的化妆品；外出旅游或运动时，不宜化浓妆，因为在秀丽的湖光山色中最自然的就是最美的。

（三）协调

美在和谐。应使护肤品、化妆品在香型、色彩等方面协调一致，系列化购买是不错的选择。例如，男士的护肤品，可以统一选购松针香型、烟草香型或海洋香型等，这样在香型上就会比较和谐。又如，女士的腮红和眼影选择同一个色系，也会增添和谐之美。

（四）得法

得法就是要掌握基本的化妆方法和技巧，如化妆的准备工作和基本步骤是怎样的，如何使眼睛显得更有神，如何使鼻梁更挺等，需要通过各种途径进行系统学习。

社交场合可以适当使用香水，但绝不可选择香味太浓的香水，更不能选择那些含有多种化学成分的劣质香水，以免对交往对象的嗅觉产生刺激。香水应涂抹在手腕、下颌、耳垂、踝部等易于使之正常挥发的几个部位。如果“遍地开花”般地在浑身上下乱喷、乱洒，既暴殄天物，又劳而无功。若是将香水误喷到多汗之处，还会使香水变成“毒草”，发出难闻的异味。

（五）避人

化妆是一种美化自身的私人行为，应注意时间、地点、场合。在公共区域当众梳头、化妆均是有失礼节的行为。不可随时随地随意拿出化妆品来涂抹。无论是在客人、同事或其他公众面前化妆、补妆，都是不智之举。有些人士不注意这个问题，就餐完毕就在宴会桌前拿出工具修饰自己，这是极为不雅和不礼貌的，既不尊重别人，也不尊重自己。补妆可以去洗手间，在酒店、办公室甚至在有同事同乘的车上，也不宜补妆。

在国际交往中尤其要注意化妆避人，一位女士在大庭广众之下化妆，不仅失之于庄重，而且其身份往往令人怀疑。同时需要提出的是，男士也不宜在他人面前，尤其是在女士面前照镜子、修饰自己或整理服饰。

（六）不以残妆示人

残妆，指出汗、休息或用餐之后妆容出现残缺。长时间的脸部残妆会给人懒散、邋遢之感。所以，旅游职业女性不但要注意坚持化妆，而且要及时进行自检和补妆。

（七）不指教他人

除美容工作者外，其他服务人员一般不应在工作时对自己顾客的妆容关注过多，尤其不要对客人的妆容私下议论、评头论足，而且不应当冒冒失失地打听对方所使用的化妆品的品牌、价格，化妆的具体方法等。不要借用别人的化妆品，因为这既不卫生，也不礼貌。

三、美发礼仪

头发位于人体的最上部，是一个人被注视的重中之重。发质和发型对人的外观和精神面貌至关重要，是仪容仪表的重要内容。人的气质与魅力从头开始，因此，不注意头发的保养和发型的选择会直接破坏人体的整体美。合适的发型会使人英俊娇美、容光焕发，给人以赏心悦目之感，人体美中的一些不足之处也可以通过发型得以弥补。

头发还可以体现一个人的卫生习惯和审美情趣。通过一个人的发型，大致可以判断出其职业身份、受教育程度、生活状况，更可以感受到其身心是否健康以及对待生活和事业的态度。

因此，旅游工作者的头发修饰不可小觑，不仅要恪守一般的美发要求，而且还应遵守本行业、本部门的特殊要求。

（一）确保整洁

旅游工作者的头发不求时尚，但求清爽整洁，没有头垢头屑，色泽统一，自然得体。

1．清洗头发

一些人衣服穿得非常得体，发型也比较时尚，但是走近之后，发屑满目且异味扑鼻，令人退避三舍。需经常进行洗发以去除头屑及头油，使头发洁净清爽。洗发的间隔时间应灵活掌握，以头发干净无油为原则。一般应每周清洗头发2～3次，油性发质则需要更勤地清洗。

2．修剪头发

应坚持定期理发，尤其男士，要半个月左右修剪一次，以确保发型整齐有序。

3．梳理头发

不论何种发型都要梳理得井然有序、整整齐齐，绝对不允许蓬乱不堪。“蓬头”与“垢面”从来都是被相提并论的仪容不整洁的表现。

应注意在下述情况下自觉梳理头发：一是出门上班前，二是换装上岗前，三是摘下帽子时。

梳发时还要注意：梳头不宜当众进行，梳理的断发不可随手乱扔。

（二）慎选发型

美的发型能给人美的感受，或整洁、或庄重、或洒脱、或文雅。总体来讲，发型主要考虑长短和风格两个方面。

1．长短适当

对旅游工作者在头发长度上的要求是：长度适中，以短为主。

对于女性来讲，不提倡留披肩发，应避免发型烦琐，基本的原则是前面不遮挡双眼，后面不长过肩部。长发女性在工作岗位上要将头发盘成发髻。

对于男性来讲，工作场合不准剃光头，也不准留长发或扎小辫。男性的头发，应前不覆额，侧不掩耳，后不触领。

2．风格庄重

旅游工作者的发型应能反映其优雅的气质和文化修养，应有自然端庄、朴素大方、轻盈俊美、无刻意雕琢之感。可根据自己的职业、岗位、脸型、体型、年龄、发质、气质等，扬长避短，选择适合的发型，以增加整体美，且要注意保持相对的稳定性，不宜每天更换发型。

女性发型可根据脸型而定，较丰满的宽脸型不宜选择齐耳短发，因为它会造成视觉上的夸张，使脸型显得更宽；而瘦削的长脸型不宜留东方女孩儿青睐的披肩长发，因为它会将脸拉得更长。同时发型也应与服装的搭配协调一致，如穿中式民族服装不宜选择较时尚的现代发型，因为它与民族服装的端庄、典雅反差太大；而穿西式礼服、职业套装则应选择时代感较强的现代发型。

不论是男性还是女性，在工作场合都不应当在自己头发上标新立异，如不准留大鬓角、不准剃“阴阳头”、不准在发型上不男不女，否则会显得极不专业，难以获得客人的信任。

（三）适当美发

1．护发

旅游工作者为了维持良好的形象，日常可通过做导膜、正确使用护发素等方法来进行头发的护理与保养。要养成护发的习惯，使头发光润，丝丝可见光泽，具有较好的弹性，不分岔，不打结，有柔软感。

2．染发

中国女性白里透红的肤色，黑发是最好的天然搭配，所以除了保养头发使其乌黑润泽外，一般不要将头发染成其他色彩（演员由于角色的需要，可另当别论）。

3．烫发

烫发包括烫直发和烫卷发，烫直发没问题，烫卷发切记不要将头发烫得过于另类，且要符合自己的岗位性质，直接对客服务的旅游工作者一般不宜烫卷发。

4．假发

只有在出现掉发、秃发之时，才适于佩戴假发以弥补自己的缺陷。女士若仅仅为了装饰而佩戴假发，一般是不提倡的。

5．发饰

女性在工作场合以不戴或少戴发饰为宜，即使戴发饰，也只是为了用以“管束”头发，而不要戴过于夸张华丽的发饰。社交场合可以适当佩戴发饰。

第三节　着装礼仪

服饰是一种文化，而着装是一门艺术。

俗话说“三分长相，七分扮相”，其本身就说明了服饰美在仪表美中的重要地位。得体的服饰不仅可以画龙点睛、烘云托月，将人体的曲线美、协调美、韵律美衬托得更加光彩照人，还能以专业的形象体现对客人的尊重。因此，服饰对旅游从业人员来说绝非小事。

一、服饰的功能

（一）实用

最初人们穿衣是为了其实用功能，如遮羞蔽体、防暑御寒等，具体表现为夏天穿单衣、冬天穿棉服等。服饰的实用功能还表现在从事特定的活动时应穿特定的服装，如上班穿正装显得职业正式，回家穿便装则更加舒适自在。

（二）身份的象征

服饰除了实用之外，有时还是身份的象征。酒店、旅行社、旅游景区等旅游行业工作者的制服，可通过其面料、款式等细节来体现不同的岗位和职级。美观、整洁的服饰，不仅有利于单位形象的塑造，而且也体现了对客人的尊重，因而不可马虎大意。

（三）审美

服饰是着装者审美水平和着装品位的反映，有品位的着装一般色彩少，款式雅，点缀少，做工精。

二、着装细则

服饰不仅是一种礼仪、一种文化，也是一个国家和民族经济发展的标志之一。随着国际交流的日益加深，服饰正朝着国际化、多样化、个性化的方向发展，但是对于着装的总体要求没有改变。旅游工作者着装除了整洁大方、典雅和谐外，还要求与自己的年龄、体型、职位相称，与周围的环境相协调。其着装细则主要体现在以下几个方面。

（一）符合身份

一个人的身份包括多重信息，如年龄、性别、职位等。

1．符合年龄

着装要与年龄相协调。虽说“爱美之心，人皆有之”，但是不同年龄的人有不同的审美观和不同的穿着要求。老年人喜着深色以显成熟稳重，年轻人喜着亮色以显青春活泼。一套黑色的中山装，穿在中老年人身上会显得风度翩翩，穿在青少年身上则会显得老气横秋。少女穿着色彩鲜艳的超短裙显得热情开朗、朝气蓬勃，少妇穿超短裙则不免给人虚浮、轻佻之感。

旅游工作者在年纪上也有老、中、青的不同。因此，除了统一穿着的制服外，在自主着装时，不要忘记着装与年龄必须相符这一原则。可以想见，要是人到老年的女士硬要穿着超短裙会显得多么不合适。总的来讲，在着装上，老年人应当素洁，中年人应当稳重，年轻人应当活泼，这是基本的标准和尺度。

2．符合性别

着装要与性别相一致。这是人人应该把握的基本原则。比如，男士穿裤装，女士穿裙装是普遍的习俗。即使是着装自由化的西方各国，在上班时人们的穿衣打扮也极为讲究，且在性别上有一定的规则，如正式场合女士必须着裙装。一般来讲，男性是不可能穿裙装的，除非因为传统习俗或工作需要，如苏格兰地区男子穿格子短裙，有些酒店或景区的服务生为招揽客人也会穿裙子。

3．符合职位

着装要与职位相契合。人的穿衣打扮在某种程度上能体现其职位特点，因此穿着要和职业、职级相一致。例如，医院的医生和护士就不能穿得过于鲜艳，打扮得花枝招展不仅会影响病人和家属的心情，也不利于病人的治疗和休养。

旅游工作者的服饰应该表现出端庄大方之感，不能不加修饰、过于随意，也不能过分花哨。例如，酒店环境与服饰宜用中性色，以创造一种平稳柔和、明净悠然的美感。同时，在不同岗位又要体现不同的风格：前厅工作人员服饰要华贵、庄重，餐厅工作人员服饰要温暖、明快，客房工作人员服饰要柔和、安静，酒吧工作人员服饰要优雅、静谧，舞厅工作人员服饰要热烈、活泼，如此才能与客人的心境相呼应。

（二）扬长避短

每个人在身体及外形上都有优点和缺点，有的人胖，有的人瘦，有的人黑，有的人白，所以在着装上就要注意扬长避短。

每个人应学会根据自己的形体特点、容貌、肤色、气质等来选择服饰。一般情况下，浅色、暖色和具有一定光泽的衣料容易吸引人的注意力，使人产生蓬松和扩张的感觉；横条纹的服装从视觉上有加宽、加胖体型的感觉。故体胖者宜选择深色、竖条纹服装为佳，这样能够利用人们的视错觉改变原来形体的形象。身材矮小的女士如果穿上垂直线条的衣裙，梳高发型，再穿上高跟鞋，就会弥补身材矮小的不足。身材高胖的女士应避免选用大花、大格或厚重的衣料，而应以素色、挺括、下垂感强的衣料及合身的裁剪为宜。肤色较深的人穿浅色服装会显得时尚、健美，而肤色较白的人穿深色服装更能显出皮肤的细腻、白嫩。

对于旅游工作者来讲，因为其向客人展示的是娴熟的技能和高超的业务水平，而不是身体本身的优点或外在的装饰，所以应修饰有度，重在避短。

（三）区分场合

在与人交往中，应形成因场合不同而着装不同的概念，即穿着要和环境相协调。例如，在喜庆场合不能穿得太古板，在悲伤场合不能穿得太花哨，在庄重场合不能穿得太随意，在休闲场合则不能穿得太隆重。西装套裙搭配高跟鞋显得高雅大方，适合在参加宴会等正式场合穿着，却不适宜去登山探险、郊外野营。

不同场合的着装原则如下。

1．正式场合

（1）公务场合

公务场合是指工作人员上班处理公务的时间，着装应庄重、保守、整洁、美观，除了统一的制服以外，一般穿有领有袖的套装、套裙、长衣、过膝长裙、长裤等，方能体现出敬业精神，令人肃然起敬。上班不可穿得过分随意：在夏季，女士不宜将吊带背心和超短裙等穿进办公室，男士则不能穿短裤和拖鞋上班。

（2）社交场合

社交场合是指人们在公务活动之外，在公共场所里与他人进行交际应酬活动的时间，如宴会、舞会、聚会等，着装可时尚、个性，如各种时装、礼服、民族服装等。

2. 非正式场合

除以上各种正式场合以外的休闲场合，如在家休息、观光游览、健身运动、逛街购物等，应穿得舒适、自然。例如，棉质的 T 恤、牛仔裤是郊外游玩的首选，穿上它们可以使人显得轻松、惬意；此时若穿正装，不仅会因为“小题大做”见笑于人，而且还会使自己行动不便而“自作自受”。

（四）遵守常规

着装应遵守一些常规性的原则，如人们约定俗成的三色原则和 TPO 原则等。

三色原则是指全身上下的衣着和配饰的色彩应当保持在三种之内。这里的“色彩”一般指色系。

TPO 原则是指人们除了要注意区分时间（Time）之外，还要注意根据场合（Place）和目的（Object）来着装。例如，在西方国家，不仅一年四季着装不同，在一天的不同时间里，也有不同的着装要求：男士在白天不能穿小礼服和晚礼服，在夜晚不能穿晨礼服；女士在日落前则不能穿过于裸露的礼服等。从目的上讲，人们的着装往往体现着一定的意愿，即自己对着装留给他人的印象如何是有一定预期的，如敬人、颓废或嚣张等。

三、职场着装禁忌

在工作场合随意着装，不仅显得不专业，失去他人对自己的尊敬和信任，还会影响单位形象，甚至国家形象。

（一）忌鲜艳

上班不同于度假，一般应忌穿过于鲜艳的服装，深色或色彩淡雅的服装更显庄重和专业。

（二）忌杂乱

有制服不穿、制便混穿、色彩繁杂、西装搭配运动鞋或布鞋等都是着装杂乱的表现，要注意避免。

（三）忌暴露

男士在休闲场合穿的短裤、背心，女士的低领服装、超短裙、无袖装等，都不应出现在一般的工作场合。

（四）忌透视

透视装不仅欠文雅，而且容易招惹是非。

（五）忌短小

背心、热裤、露脐装、低腰裤等休闲装都不应穿到工作场合。

（六）忌紧身

紧绷的服装，亦不适合在职场穿着。

总之，旅游业是礼节性极强的行业，对员工着装的基本要求是端庄、恬静、稳重、得体，并充分体现出服饰与环境气氛的协调，与职业身份的协调，与肤色、身材的协调，与年龄阶段、审美情趣的协调。应做到扬长避短，并遵守基本的职场着装禁忌。

第四节　西 装 礼 仪

西装又称“西服”，它起源于欧洲，在清末传入我国，现在已成为一种国际性服装。由于西装具有许多公认的优点，如造型严谨、线条舒展、美观大方、雅俗共赏，并且适合不同的场合，为不同文化背景下的人所接受，所以它是男士在正式场合着装的最佳选择。

要想使西装真正穿得得体、有范，就要了解西装文化，了解西装在选择、搭配和穿法上的相关礼仪规范和要求。

一、西装分类

色彩、面料、款式是服饰三要素，根据这三个要素及穿着的场合，可将西装分为两大类，即正装西装和休闲西装。正装西装适合在严肃的公务场合及隆重的社交场合穿着，休闲西装则适合在非正式场合穿着。

（一）色彩

按照惯例，职业人士在工作场合不宜穿颜色过于鲜艳或发光、发亮以及朦胧色、过渡色的西装。正装西装的颜色必须庄重、正统，一般以单色、深色、无图案为最好，有时也可选择带条纹的。适合男士在正式场合穿的西装颜色，应当首推藏蓝色，除此之外，还可选择灰色、棕色或黑色（一般用作礼服）的西装。休闲西装的颜色则可以多种多样，没有限制，多半是鲜艳亮丽的色彩，且多为浅色，甚至可以同时运用几种颜色。

（二）面料

鉴于西装往往在正式场合作为正装或礼服之用，所以其面料的选择应力求高档，多数情况下毛料是西装面料的首选。因为毛料会令西装看上去悬垂、挺括，也比较透气、舒服。

休闲西装面料没有限制，棉、麻、皮、真丝、化纤等均可，甚至可以由几种面料拼接而成。

（三）款式

正装西装都是套装，成套设计制作，所用色彩、面料均一致。两件套西装包括上衣和西裤，三件套西装包括上衣、西裤和西装背心。在参加高规格的商务活动时，以穿三件套的西装套装为好，因为它看起来更加正规。

正装西装有单排扣与双排扣之分，单排扣的西装上衣比较时尚，而双排扣的西装上衣则较为传统。

休闲西装的款式强调宽松、舒适、自然，有时甚至以标新立异见长，通常休闲西装都只有单件的上衣。休闲西装一般都是单排扣，以一粒扣较多。

在西方，参加各种隆重的典礼仪式，要着礼服或深色西装。实际上，现在除极少数国家在个别场合还有比较严格的规定外，大多数国家在穿着上也趋于简化了，在很多隆重的场合只要求穿深色、质地好、做工考究的西装。

在商务交往中，男士一般着单排扣、深色、纯毛料的正装西装。

二、西装的版型

西装的版型指的是西装的外观形状。目前，全世界的西装主要有日式、美式、欧式等各种版型。

“H”形的日式西装贴身凝重，“O”形的美式西装宽大飘逸，“倒梯”形的欧式西装洒脱大气（其中英式西装上衣背后一般左右两侧开“骑马衩”，与英国人热爱马术运动有关）。男士应根据自己的身材和气质特点来选择西装版型。

一般来说，欧式西装要求穿着者高大魁梧，美式西装穿起来稍显散漫。比较而言，英式西装与日式西装更适合中国人的身材和气质。

三、穿西装的“三三”原则

俗话说“西装三分在做，七分在穿”，西装的穿着应符合礼仪的规范要求，故男士在穿西装时要注意以下几个原则。

（一）三色原则

男士穿着正装西装时，全身上下所有服饰（西装、衬衣、领带、腰带、鞋袜等）的颜色不宜超过三种。

（二）三一定律

男士在重要场合穿西装套装的时候，还必须考虑套装与其他衣饰进行搭配的基本常识和技巧。

所谓“三一定律”，即身着正装西装的男士，其公文包、皮带、皮鞋应为同一种颜色，且首选黑色。

公文包被称为职业人士的“移动办公桌”，是外出办公不可离身之物。男士所选择的公文包，以黑色、棕色的牛皮、羊皮制品为佳。在款式上，手提式的长方形公文包是最适宜的选择。箱式、夹式、挎式、背式等其他类型的公文包，均不宜在正式场合使用。

皮带的宽窄要与西装搭配：一般穿单排扣西装时，应扎窄一些的皮带；穿双排扣西装时，应扎宽一些的皮带。

穿正装西装必须搭配正装皮鞋，常见的有牛皮鞋和羊皮鞋。麂皮鞋、磨砂皮鞋、翻毛皮鞋等大都属于休闲皮鞋，一般不适合在正式场合穿着。皮鞋的颜色宜选用深色和单色，黑色皮鞋可以和任何颜色的西装搭配。男士最为经典的正装皮鞋是系带式的，不过随着潮流的改变，方便实用的无带皮鞋逐渐成为主流。

（三）三大禁忌

1．忌穿错袜子

袜子能体现一位男士的品位，男士穿正装西装时对袜子要求比较严格。

首先，所搭配的袜子颜色应与皮鞋、裤子相协调，以深色和单色为宜，最好是黑色，浑然一体更为美观。男士易犯的错误是一年四季穿白棉袜。除非穿白西装、白皮鞋，否则白棉袜应只能用来配休闲服和运动鞋等。

其次，袜子应以天然材质为主，棉、毛质地的袜子吸汗、透气，穿着也较舒适。男式尼龙丝袜在发达国家早已被淘汰。

再次，袜子要干净成双，完整合脚，袜口任何时候不能露出裤脚之外，包括坐下的时候。进口西装袜的袜筒比国产的偏长，一般到小腿处，以保证袜口不会从裤管里露出来。

最后，赤脚穿皮鞋乃是失仪之举，职业人士绝对不可以犯这样的错误。

2．忌不拆袖子上的商标

西装上衣左边袖子的袖口处，通常会缝有一个商标，有时那里还同时缝有一个纯羊毛标志，在正式穿西装之前一定要将它们先行拆除。有人故意将商标露在外面，以显示其西装的品牌和档次，这是极为不妥当的。

3．忌扣子扣得不规范

双排扣西装上衣较为传统，能体现男士着装的典雅和别致，适合于社交场合，一般在穿着时应扣上所有的扣子，否则会给人轻浮之感。

男士着单排扣西装，在坐下时可将扣子解开，因为此时如果全部扣上，不仅不舒服，还会影响西装的外形。男士在正式场合站立时，单排扣西装上衣根据扣子粒数的不同而扣法不同，总的原则是扣上不扣下。具体而言，一粒扣西装应扣上；两粒扣西装扣上面一粒；三粒扣西装相对古典，传统做法是扣上面两粒，时尚做法是只扣中间一粒。

在一般情况下西装背心只能与单排扣西装上衣配套，不论是将其单独穿着，还是与西装上衣配套，都要认真地扣上纽扣。西装背心也分为单排扣式和双排扣式两种。根据着装惯例，单排扣式西装背心最下面那粒纽扣可以不扣，而双排扣式西装背心的纽扣则必须全部扣上。

四、穿西装的细节

（一）口袋

为使西装穿着时在外观上保持挺括，就应当在西装的口袋里少装东西或不装东西。西装上衣不同的口袋发挥着不同的作用，具体而言：

1）上衣左侧的外胸袋，除可以插入一块用以装饰的真丝手帕外，不应再放其他任何物品，尤其不应当放钢笔或挂眼镜；

2）内侧的胸袋，可以用来放钢笔、钱夹或名片夹，但不要放过大、过厚的东西和叮当作响的钥匙等物；

3）外侧下方的两个口袋，原则上不放任何东西；

4）西装背心的口袋大多只起到装饰作用，除可以放置怀表外，不宜再装别的东西；

5）西装裤子的口袋一般不放任何东西。

（二）衬衫

与西装搭配的衬衫应当是正装衬衫，要具备以下特征：

1）正装衬衫要选用精纺的棉、毛、麻为主要成分；

2）正装衬衫必须为纯色，在正式的商务活动中，白色衬衫是男士的最佳选择，蓝色、灰色、棕色有时亦可在一般工作场合出现；

3）正装衬衫一般没有复杂的花纹和图案，某些细条纹的衬衫可以在一般的场合中穿着，但是条纹衬衫一般不与条纹西装搭配；

4）正装衬衫的衣领多为方领、长领和圆领，在选择时要考虑本人的脸型、脖长以及领带结的大小；

5）正装衬衫必须是长袖衬衫。

在穿着正装衬衫时，还要注意以下几点。

1）在穿西装打领带时，衬衫的所有扣子都要扣好；在穿西装而不打领带时，则必须解开衬衫领口的扣子。

2）穿正装西装时，衬衫的袖子应露出西装袖口约 1.5 厘米。

3）不论是否穿外衣，正装衬衫下摆都要均匀掖进裤腰之内。

4）男士在自己的办公室里，可以暂时脱下西装上装，直接穿长袖衬衫，打领带，但这种装束不宜参加正式活动。

5）衬衫之内不再穿其他衣物。不穿衬衫而以 T 恤直接与西装搭配的穿法，在正式场合是不允许的。

6）男士要想将一套西装穿得有型有款，除了衬衫与西装背心之外，在西装上衣之内最好不要再穿其他任何衣物。在气候寒冷的地区，只能加一件薄“V”字领羊毛衫或羊绒衫，这样既不会显得过于花哨，也不会妨碍自己打领带。不要穿色彩、图案十分复杂的羊毛衫或羊绒衫，也不要穿扣式的开领羊毛衫或羊绒衫，否则会使西装变形走样，给人以臃肿感。

（三）领带

男士穿西装时，最重要的配件就是领带。在欧美各国，领带与手表、装饰性袖扣并称为“成年男子的三大饰品”。在重要场合，男士穿西装时打领带是非常重要的礼节。

1．面料

好的领带多采用真丝面料。以涤丝制成的领带售价较低，易于打理，有时也可以使用。除此之外，由棉、麻、绒、皮、革等制成的领带，在正式场合均不宜佩戴。

2．颜色

在正式场合，蓝色、灰色、棕色、黑色等单色领带都是十分理想的选择。切勿使佩戴的领带多于三种颜色。同时，也应尽量少打浅色和艳色的领带。

3．图案

以单色无图案的领带为主，有时也可选择以条纹、圆点、方格等规则、简单的几何形状为主的领带。

4．款式

领带的款式往往受时尚潮流的影响。因此，职业人士应注意以下四点。

1）领带有尖头与平头之分。下端为尖头的领带，显得比较传统、正规；下端为平头的领带，则显得时髦、随意一些。

2）领带有宽窄之别。除了流行的因素外，领带的宽窄最好与本人的胸围和西装上衣的衣领形状相一致。

3）简易式的领带，如"一拉得"领带、"一挂得"领带等，均不适合在正式的场合中使用。

4）领结宜与礼服、翼领衬衫搭配，并且主要是用于出席宴会等重要社交场合。

5．配套

有时，领带与装饰性手帕会被组合在一起成套销售。与领带配套使用的装饰性手帕，最好与领带面料、色彩、图案完全相同。

6．系法

领带的系法有多种，如简式结、四手结（见图 2-1）、半温莎结（见图 2-2）、温莎结（见图 2-3）等。领带系好之后，其下端的标准长度应该是正好在皮带扣上方。

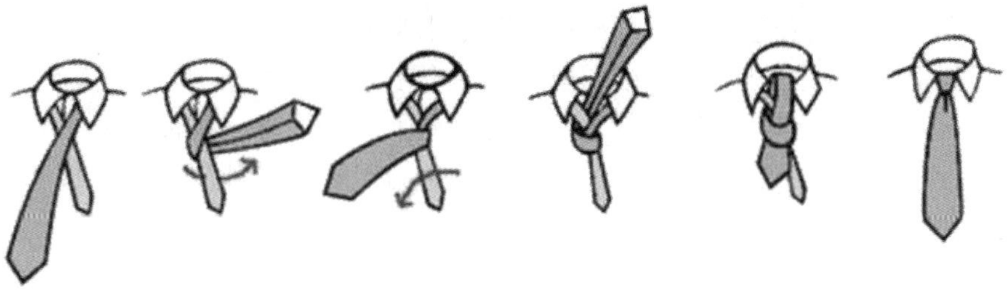

图 2-1　四手结领带系法

图 2-2　半温莎结领带系法

图 2-3　温莎结领带系法

7．领带夹

在穿西装时，有些男士会使用领带夹，以固定自己的领带，单穿长袖衬衫时则没有必要使用领带夹。穿西装时使用领带夹，应将其别在特定的位置，即从上往下数，在衬衫的第四与第五粒纽扣之间。

另外，穿西装时一定要保持其原状，在任何情况下都不可以将西装上衣的衣袖挽上去，也不能随意卷起西裤的裤管，否则极易给人以粗俗之感。

第五节　套裙礼仪

女士在正式场合的着装以裙装为佳，而在裙装中又以套裙为首选。在多数人眼里，西装套裙与职业女装直接画上了等号，是女性的标准职业着装，可塑造出强有力的职业形象。

一、套裙的分类

套裙是“西装套裙”的简称，一般都由一件女式西装上衣和一条短裙构成，也有很多由一件女式西装上衣和一条无袖背心裙构成，有时还可以见到将无袖背心裙分成背心和短裙的三件套套裙。因此套裙大致可以分成两种基本类型。

一种是用女式西装上衣同各式裙子所进行的自由搭配与组合，即“随意型”。随意型套裙渐渐具有时装化的倾向，颜色、图案更多元，多了一些点缀，裙长也灵活多变。

另外一种是用女式西装上衣和与之成套设计、制作的裙子组合而成，即“成套型”或“标准型”套裙。

严格地讲，经典的套裙事实上指的仅仅是后面一种类型。女士可根据场合选择不同风格的套裙。

二、经典套裙特色

一套经典的、可供女士在正式场合穿着的套裙，通常必须具备如下特色。

（一）面料

上衣与裙子应当采用同一质地的上乘面料缝制而成。外观上要求匀称、平整、光洁、丰厚、柔软、悬垂、挺括，挂起来弹性、手感好，而且不起皱、不起毛、不起球。

（二）颜色

在颜色方面，套群应以浅色或冷色调为主，从而体现出着装者的高贵典雅、端庄稳重。切记：一套正式场合穿着的套裙的全部颜色最多不可超过两种，否则就会显得杂乱无章。

（三）图案

在正式场合穿着的套裙，一般不带有任何图案。但有时为体现穿着者独特的气质，可以选用以各种格子、圆点、条纹为主要图案的套裙。

（四）点缀

套裙上添加过多的点缀会使其显得杂乱、低俗和小气。一般而言，不要穿着以贴布、绣花、金丝、彩条、扣链、亮片、珍珠、皮革等点缀和装饰的套裙。

（五）款式

上衣款式的变化主要表现在衣领方面。除了最为常见的平驳领、松驳领、一字领、圆领、“V”字领、“U”字领之外，还有青果领、披肩领、燕翼领、蟹钳领、束带领等。

上衣的另一个变化是在纽扣方面。它既有无扣式，也有单排扣式、双排扣式；既有明扣式，也有暗扣式。在纽扣的数量上，少则只有一粒，多则超过十粒。就具体作用而言，有的纽扣发挥实际作用，有的纽扣则仅起装饰作用。

除了领形、纽扣等方面的变化，套裙的上衣在门襟、袖口、衣袋等细节上，往往也会不断翻新花样。

作为套裙的主角——裙子的式样也不乏变化。最常见的一步裙、围裹裙、筒式裙款式端庄、线条优美，百褶裙、旗袍裙、开衩裙、“A”字裙、喇叭裙则飘逸洒脱、高雅靓丽。

三、套裙的版型

套裙的版型是指它的外观与轮廓，常见的有四种类型。

（一）“H”形

“H”形套裙的主要特点是：上衣较为宽松，裙子多为筒式。这样一来，上衣与下裙便给人以直上直下、浑然一体之感。它既可以让着装者显得优雅、含蓄和帅气，也可以为身材肥胖者掩盖缺陷。

（二）“X”形

“X”形套裙的主要特点是：上衣多为紧身式，裙子则大多是喇叭式。实际上，它有意识地以上紧下松来突出着装者纤细的腰部。此种版型的套裙轮廓清晰生动，可以体现着装者姣好的身材，使其看上去婀娜多姿、楚楚动人。

（三）“A”形

“A”形套裙的主要特点是：上衣多为紧身式，裙子则为宽松式。此种上紧下松的版型既能体现着装者上半身的身材优势，又能适当地遮掩其下半身的身材劣势。不仅如此，它还在总体版型上显得松紧有致、富于变化。

（四）“Y”形

“Y”形套裙的主要特点是：上衣为宽松式，裙子多为紧身式，并且以筒式为主，总体感觉上松下紧。一般说来，它意在遮掩着装者上半身的短处，同时表现出下半身的长处。这种版型的套裙往往会令着装者看上去亭亭玉立、端庄大方。

每位女士的身材都有自己的特点，穿着套裙应该选择适合自己的版型。

四、套裙穿着注意事项

女士在各种正式公务交往活动中，一般以穿着套裙为好。在出席宴会、舞会、音乐会时，可酌情选择适合参加这类活动的时装或礼服。

女士在正式场合穿套裙时，上衣的衣扣必须全部扣上，不允许将其全部或部分解开，更不允许当着别人的面随便将上衣脱下。

套裙搭配衬衫时必须注意以下事项：一是衬衫的下摆必须掖入裙腰之内，不得任其悬垂于外，或是将其在腰间打结；二是衬衫的纽扣除最上端的一粒按惯例允许不扣以外，其他纽扣不得随意解开；三是在公共场合不可随意脱下外衣，直接将衬衣穿在外面，特别是着紧身、透明的衬衫时，更要注意这一点。

得体的穿着打扮要求女士的着装、化妆与配饰颜色一致，风格统一。

穿上套裙之后，女士还需要注意自己的仪态，使之与服装相协调。

五、职场裙装五忌

（一）忌穿黑色皮裙

在国际社会，人们公认黑色皮裙传达的是“性感”等特殊信号，故职业女性应避免穿着。

（二）忌不穿袜

女士穿裙装时，若不穿袜子，裸露在外的腿脚不仅不雅，还显得不尊重交往对方，甚至有可能引起误解。

鞋袜穿好后，不可当众脱下。有些女士喜欢用脚尖挑鞋或是处于半脱鞋状，甚至当着外人的面脱去袜子，这些都是极不礼貌的行为。

（三）忌鞋袜不配套

鞋袜被称为“脚上风光”，每一位爱惜自身形象的人士，都不可对其马虎大意。

选择鞋袜时，应当以皮鞋和丝袜为主。在颜色上，黑色皮鞋和肤色的连裤袜最为正统，也可选择与套裙色彩一致的皮鞋。

在公务场合，鞋子在与套裙搭配穿着时，款式应为高跟、半高跟的船形皮鞋，前不露趾，后不露跟。穿套裙时不能穿便装鞋，夏天不能穿凉鞋。不宜穿着系带式皮鞋和丁字式皮鞋。在公务场合，套裙也不宜与皮靴相搭配。

（四）忌鞋袜残破

鞋袜应当完好无损，鞋子如果开线、裂缝、破残，袜子如果有洞、跳丝，均应立即更换。女士在包里放备用长丝袜很有必要。

（五）忌三截腿

即穿半截裙时穿半截袜，中间露一截腿，这样整个腿部在视觉上被分成了三截。在夏日里，随处可见着裙装的女士穿着长度仅过踝骨的肉色丝袜。请注意这种袜子是难登大雅之堂的。在工作场合，不论裙装、裤装，都应避免袜口外露。

第六节　饰品礼仪

在人际活动中，人们除了要注意服装的选择外，还可根据不同的场合要求佩戴戒指、耳环、项链、胸花等饰品。在不同场合佩戴饰品时，职场人士需要掌握饰品佩戴的相关礼仪。

一、公务场合饰品佩戴基本原则

（一）符合身份

饰品佩戴需要与自己的职业身份相符，如执法部门的警官、法官、检察官等，除了手表之外，戴其他饰品会显得不庄重，有失身份。在戴手表时，在其花色图案和形状上，也不可太出格，不可过分奇异、抢眼。

旅游工作者在工作场合戴饰品，同样需要修饰有度。因为旅游工作者有其独特的岗位要求，做好接待工作是最基本的，而不是过分展示自己的美丽。外表简洁、大方即可，打扮得珠光宝气、过于华丽会喧宾夺主，使客人怀疑你的敬业精神和专业能力。

旅游工作者在工作场合应坚持“三不戴”原则。

1．不戴有碍工作的首饰

首饰如果可能妨碍工作，就不要在工作场合佩戴。比如，酒店的面点师傅上班时就不适合佩戴戒指。

2．不戴炫耀财力的首饰

在旅游接待和服务工作中，旅游工作者不可在客人面前炫耀自己，应佩戴与自己角色及所处环境适宜的饰品。不戴贵重耳环、手镯、项链上岗，必要的手表、胸针、发饰等也应选择适当。为客人服务不是社交，如果在工作时配饰比服务对象还华丽，会使客人心理失衡。

3．不戴展示魅力的首饰

旅游工作者向客人提供的是技能和服务，不是身材和美貌。所以有些展示魅力的首饰如吊坠耳环、手链、脚链等，在工作场合就不适合戴。

（二）以少为佳

饰品种类繁多，佩戴方法多样，在选择佩戴饰物时应锦上添花，而不可画蛇添足，以免贻笑大方。稍谙打扮之道的人都明白，饰物的佩戴应当突出重点。不论是在数量还是在品种上，饰物的佩戴都需要力戒繁杂，以少为佳。这是一条基本的原则。

旅游工作者的饰物应大方得体，不过分夸张和华贵，少而简洁，恰到好处。不佩戴多余的珠宝首饰，以免给人留下俗气的坏印象。在工作岗位上，完全可以不戴任何饰物，这样做可以在客人的心目中显得清新可人。

总而言之，工作场合饰品佩戴讲究的是少而精，宁少而勿多。

二、社交场合饰品佩戴基本原则

在宴会、舞会、音乐会等社交场合，对于饰品的佩戴也有一些基本的原则。

（一）以少为佳

一般的要求是首饰总量不超过三种，每种不超过两件。比如，耳环可以左右耳各戴一只，多于两只则有弄巧成拙之感。

（二）同质同色

饰品的质地和色彩原则上应当尽量和谐一致，以显品位。有条件的情况下可以成套购买，在不能做到同质的情况下，起码也要保持同色。

（三）符合习俗

民间对于佩戴饰品有一些基本习俗，如戴玉石时讲究“男戴观音女戴佛”。在西方国家也是如此，戒指戴在不同的手指上有不同的含义。人们常常据此来判断一位女性的身份，以便称呼其为“Mrs”或“Miss”。

（四）注意搭配

除了饰品之间的搭配和谐一致外，饰品还应与佩戴者的服装相得益彰。比如，钻戒配时装、礼服最好，但搭配运动装就不合适了。

第三章 旅游工作者言行举止

❑ 学习内容

- 语言礼仪
- 称呼礼仪
- 仪态礼仪
- 介绍礼仪
- 握手礼仪
- 名片礼仪
- 电话礼仪
- 礼品礼仪
- 送花礼仪
- 位次礼仪
- 拜访礼仪
- 宴会礼仪
- 西餐礼仪
- 自助餐礼仪
- 舞会礼仪

高雅的言谈、得体的举止、洒脱的风度最能给人们留下深刻的印象，常常让人们倾慕和称赞。在日常生活和工作中，人们常常会评论某个人的言谈举止优雅或是粗俗，实际上就是在评论其言谈举止是否符合礼仪的要求。一个人言谈举止的综合就是风度的具体显现，它是在漫长的生活实践和不同形态的历史文化氛围中逐渐形成的，是个人性格品质、情趣素养、精神世界和生活习惯的外在表现。

纵观各种礼仪活动，无论是社交中的礼宾风范，还是接待服务中的礼貌礼节，大都要涉及个人的举手投足、言谈举止之类的“小节”，但正是这些“小节”影响无处不在，小到个人及组织的形象，大到国家和民族的利益，实所谓“小节之处见精神，言谈举止见文化”。

旅游工作者职业的特殊性，决定了其始终处在社会和人际交往的最前沿。其职业素养主要是通过日常的行为来体现的，哪怕是一个眼神、一个手势等，都有严格的礼仪规范：怎样送礼、怎样献花、怎样递接名片、怎样乘车、怎样安排不同规格的接待、怎样拜访客人，甚至怎样接听电话等，都有讲究。接待人员在国际交往活动中，除了要了解本国礼仪习俗外，更要了解和掌握不同国家、不同民族的礼仪文化、宗教信仰、风俗习惯、风土人情，并尽量予以尊重。

第一节 语言礼仪

语言是人际交流和沟通的媒介和桥梁。旅游接待与服务工作者每天必须和形形色色的人打交道。每一件工作的完成，每一件事情的处理，都必须以语言作为沟通的媒介，旅游工作者职业素养的高低，很大程度上取决于语言修养的高低。语言能力强的旅游工作者在工作中常常可以做到游刃有余，让顾客称心满意；相反，如果缺乏应有的语言能力培养和锻炼，没有良好的语言修养，就会在接待与服务工作中无所适从，顾此失彼。正所谓“良言一句三冬暖，恶语伤人六月寒”。

一天，主人精心准备好了一桌饭菜，准备宴请客人。不一会儿来了三位客人，还有一位迟迟不到。

主人叹口气说：“唉，这该来的还不来。”这三位客人心里想：“难道我们是不该来的？”于是，有位客人告辞说：“对不起，我有事先告辞了。”

主人着急了，连忙说：“这不该走的又走了。”剩下的客人听了，觉着主人在说自己是该走的，于是其中一人说：“我也有事，先走了。”

主人见又走了一位，更着急了，两手一摊，无奈地说：“你看他俩真多心，我说的又不是他们。”最后那位客人一听，心想：“哦，原来说的是我啊！”也生气地走了。

结果，一场宴会不欢而散。

可见，在人际交往活动中，良好的语言表达是何等重要，即所谓“有人说话让人笑，有人说话让人跳”。因此，旅游工作者要想在交际中获得良好的效果，首先就要懂得基本的言谈礼节，掌握语言表达的艺术，努力使自己谈吐高雅、风趣并富有感染力。

下面从两个层面来论述旅游工作者的语言艺术，一是基础层次，即基本的交谈礼节，体现交谈者之间的相互尊重；二是提高层次，即交谈技巧，使交谈更高雅、风趣并富有感染力，体现言谈者的风度与魅力。

一、交谈礼节

（一）规范“三到”

1. 眼到

（1）礼貌注视

人体传达个人信息的部位很多，但真正的传神之处还是人的眼睛。人们习惯将眼睛比喻为心灵的窗户，从一个人的目光中可以窥视到他的整个内心世界。眼睛可以反映出一个人的生活经历、性格特点和心理状态，目光还能体现一个人的修养和情操。

旅游工作者与客人交流时，切忌用冷漠、狡黠、傲慢、轻视的眼神；不得左顾右盼、挤眉弄眼；不可白眼或斜眼看人；不可长时间盯着对方，尤其对异性，否则会造成不必要的误解与麻烦；不可上下打量别人，因为那样含有轻视的意思。目光应始终保持坦然、和善，既不回避正常的目光交流，也不盯视对方令对方不适与难堪。

眼睛注视人的部位与交流双方的距离有关。一般来讲，在较近的社交距离范围内，视线停留在双眼与嘴部之间的三角形区域，此为社交注视，是旅游公关场合常见的视线交流位置；当与对方隔三五米远时，主要注视对方头部，这是比较礼貌的。

如果与他人交谈时，始终不敢正视对方的双眼，或是自己的视线与对方的视线稍一接触便立刻避开，会给人不自信或目中无人的感觉；但是视线接触时间过长则是对他人私人空间的侵犯，会令人极不自在，也是失礼的。因此，与人交谈时，视线接触对方脸部的时间应占全部谈话时间的30%～60%，否则就会影响交际效果。

需要注意的是，在有些国家，忌讳谈话时两只眼睛老看着对方；而在另外一些国家，则认为眼睛不望着对方是对人不尊敬的。所以，在做旅游接待工作前，应先充分了解各国的相关礼仪习俗。

（2）距离适度

一般来说，人际交往的距离在45厘米以内的叫“亲密距离”，它传递的是爱抚、安慰、保护的信息；45～120厘米被称为“个人距离”，一般传递的是亲切、友好的语意；120～210厘米被称为“社交距离”，它传达的是庄重、严肃的语意；超过210厘米就成为“公众距离”，在这个距离已无特殊的心理联系，可以视而不见。

谈话时两人之间的距离大小，不同的国家有不同的习惯。在美国，习惯两人的身体保持一定的距离；而阿拉伯国家则要求两人靠得很近，认为靠近一点显得更加亲密。

2．口到

（1）语言规范

比如，介绍产品、技术和业务的时候，适当使用术语能使人感到专业和训练有素。一般性公关接待和服务，要讲普通话。如果接待外宾，应讲对方听得懂的语言，如英语、法语或对方母语。

（2）因时而宜

礼貌用语虽好，但用得不到位就会失礼，因此问候语应富于变化，如在一天的不同时间问候客人时，可分别用“早上好”“下午好”“晚上好”等。

3．意到

（1）表情自然

旅游工作者的面部表情可以给客人以最直接的感受和情绪体验。有人说话时，面部表情尴尬，眼睛旁观左右而不敢直视，或不时干咳、以手挠头等，这都是不自信的表现；表情过分严肃，往往是怯场；而表情过分热情，点头哈腰，其实是把自己放到了不适当的位置。与领导级人物谈话，不要惊惶失措；接待层次不高的客人，也不要心不在焉。和颜悦色、自然大方的表情才是礼貌、自信的体现。

（2）落落大方

旅游工作者在接待客人时，应谦虚有礼、不卑不亢，落落大方。既不低三下四，也不过分拘谨。要做到见到客人主动问好，用词准确、说话得体、语言亲切、态度和蔼、面带微笑。在旅游公关活动中，微笑是旅游工作者“仪表吸引”的一个重要构成要素，是一种礼节，是一种特殊的欢迎方式。微笑使人觉得和蔼、可亲；微笑是对人的尊重、理解；微笑可以融洽主客关系，使他们之间产生思想上的共鸣。所以，微笑的力量是巨大的。在旅游业等服务行业，微笑服务一直受到广泛的重视，并被当作一种卓有成效的经营手段和优质服务的衡量标准。

（3）注意互动

笑由心生，笑在互动。发自内心的微笑才是动人的，故而不主张机械地提倡微笑服务。因为人的表情不只微笑一种，在不同的情景下，需要注意表情的互动。

（二）谈吐有度

1．热情友善

接待客人应笑脸相迎，通过微笑把友善、热情表现出来。坐着办公的人，只要有客人前来问话，一定要停下手中的工作并站起来回答，以示尊重。任何情况下不得自己坐着与站着的客人谈话。有三位以上的客人在场谈话时，注意不要只与某一人长谈，而冷落其他人，至少应不时向其他人致以礼貌性话语。

2．少说多听

言多必失，而且有时会喧宾夺主。特别是做接待工作的时候，更要注意这一点。

1）不要喋喋不休。如果不是出于特殊原因，在谈话时就不宜长篇大论、没完没了，不顾忌他人的兴趣与反响会令人生厌。

2）仔细倾听对方的谈话。没有比善于倾听的人更会谈话的了。与人交谈时可以看着对方的眼睛，根据谈话的内容而点头示意或者表示赞同。

3）不要一言不发。聪明人在与人谈话时，多会少说多听，但也不能走极端而自始至终地不置一词，那样会给人以颇具城府或是对对方的谈话不感兴趣的印象。

3．专心致志

倾听的时候一定要专注，合乎规则的做法应当是双眼注视对方，聚精会神，并且不时地点头或微笑，对其观点表示肯定。在对方提出意见或建议的过程中，都应当以自己的表情、动作对其表示鼓励。在谈话时，需要对自己的行为多加约束，不要心不在焉、三心二意。和别人谈话时，看书、看报、打电话、看电视、看钟表、挖鼻孔、掏耳朵、抠指甲、卷衣角、伸懒腰、打哈欠、打瞌睡、东张西望等不礼貌的行为，都会令对方觉得失望，会伤害对方的自尊心，应在谈话时避免出现。

4．细语柔声

一位训练有素的旅游工作者，在外人面前说话时，绝不能高声喧哗、高谈阔论。正确的做法是：说话时音调不必太高，语言要柔和，能够让对方听清楚就行了，切不可大声叫喊，旁若无人。否则，不仅会影响周围的其他人，还有损自身形象。语气、语调应当平和一些，这样听者就会感到亲切和自然。尽量少用或者不用语气词和一些口头禅，如“嗯”“啊”“这个”等，以免使对方感到不自在。

5．善于引导

一方面，在谈话时应目视对方，不时以“是吗”“那太好了”之类的话来烘托、渲染气氛，形成良性互动，激发对方的谈话兴趣；另一方面，要善于寻找话题，比如，可以向对方请教其成功经验等，来打开其话匣子，使交谈得以顺畅进行。

（三）多用敬语

敬语是表示尊敬、恭敬的习惯用语，这一表达方式的最大特点是当接待与服务人员与客人交流时，常常以“请”字开头，“谢谢”收尾，而“对不起”常挂嘴边。敬语有下面五种。

1．问候语

见到客人要先打招呼，这是最基本的礼貌，如可以说“您好，欢迎光临”，而如果说“你找谁”就非常不合适了，影响企业形象。此外，使用问候语还有一些注意事项。

1）问候语要看对象。应该注意，不同国家、民族有不同的理解，问候语不能滥用，如“你吃过饭了吗”“你上哪儿去啊”这类我们中国人当作问候的话不宜对外使用，而应该按照各国外宾的习惯来表示问候。

2）问候的时效性。一天中不同时刻遇见客人，可分别用不同的问候语，如“早上好”“下午好”“晚上好”。

3）问候的时机。问候时要注意情景，或是在打电话拿起听筒的时候，或者当与人四目相对时。例如，与外宾初次相见时，应主动说“您好，欢迎到中国来”“女士们、先生们，欢迎光临我们的餐厅”等。

根据工作情况需要，在使用上述问候语的同时，还可使用一些礼貌服务用语，如“早上好先生，您有什么吩咐吗”“您好小姐，需要我帮您提行李吗”。

2．请

需要别人帮助、配合、理解时，应该使用“请”字，体现对对方的尊重。

“请”字在旅游业的服务用语中使用频率最高，如“请进”“请稍后”“请跟我来”“请问您几位”“请问您有什么需要帮忙的吗”“请问我能为您做点什么吗”“请问您有什么意见和要求”“请喝茶”“请慢用”“请坐好”等。

“请”字包含着服务人员对客人的敬重以及希望通过优质服务让客人满意的诚意。

3．感谢语

在工作中得到了帮助、理解和支持时，感谢对方是一种基本的礼貌。

“谢谢”在旅游服务用语中，并不仅仅是接待与服务人员就某件具体事向客人表示感谢，而是作为一种礼貌习惯，对客人的光顾，对客人的理解与配合，对客人的赞扬与认同，以及对客人在服务出现差错时的宽容大度表示的一种感激之情。如“谢谢您的光临”“谢谢您的合作”“谢谢您能体谅我们”“谢谢您的夸奖”“谢谢您的提醒，下次我们一定改进”“谢谢您的建议，条件成熟后我们一定采纳”。“谢谢”在旅游行业中的广泛运用，集中体现了接待与服务行业顾客至上的服务原则。

按中国人的习俗，亲朋好友、家庭成员之间很少说“谢谢”；而在西方国家，“谢谢”常挂嘴边，对亲人朋友也是如此。因为西方人认为，个人就是一个社交的基本单位，他应该对别人，哪怕是自己的家人对自己的帮助表示感谢。而当西方人称赞你时，你也只需要说一声“谢谢”。例如，当一个英国人称赞“你的英语真棒”时，如果你回答“不，不，我的英语很差”，他就会觉得很诧异：“怎么对自己一点信心也没有？我称赞你，你怎么都不感谢我呢？”所以，得体的回答是只需要说“谢谢”就可以了。

4．抱歉语

“对不起”这一道歉语，用在一般人际交往活动中，往往是在说了不该说的话或做了不该做的事之后，向别人赔礼。但作为旅游行业用语，它却能表达多种含义：或由于各种原因，客人的要求未能得到满足；或工作中需要客人的协助与配合，给客人带来麻烦；或婉拒客人的不合理要求；或提醒客人一些注意事项。同时接待多名客人需要客人费时等待时，应说“对不起，耽误您的时间了”；客房服务人员为客人清扫完房间而客人也在房间时，离开前应说“对不起，打扰您了”；必须拒绝客人的某些不合理要求时，可说“对不起，我非常理解您的想法和愿望，但是……”。

“对不起”这一习语用在接待与服务工作中，体现了“退让以敬人”的待客服务礼仪精髓。

5. 道别语

接待客人应善始善终。来的时候热情问候，走的时候也应友好告别。

即使客人的行为不符合礼节规范要求，或客人无理取闹、故意挑剔，在提醒、规劝、暗示客人时，也一定要注意正确地使用敬语，以体现旅游工作者的职业素养。

（四）巧用雅语

雅语是一种比较含蓄、委婉的表达方式。在旅游接待与服务工作中，往往用于那些在公共场合和社交活动中需要避讳的情况。例如，用“去洗手间”代替“去上厕所”，用“需不需要加一些主食”代替“要不要饭”，用“不新鲜”代替“臭了”，用“这件衣服不太适合您”代替“您穿这件衣服很难看”，用“发福”代替“发胖”等。

（五）交谈宜忌

言为心声，一个人谈论的问题往往是其所思所想的反映，有时还体现对交往对象的尊重与否，故旅游工作者与人交谈时，一定要注意话题的选择。

1. 适宜交谈的内容

交谈是一种双边或多边活动，话题的选择十分重要。交谈的内容可以海阔天空、天南地北，从天气、新闻、工作、业务直到一些政治、经济、社会等问题，均可成为交谈的话题，但应当避免谈论不愉快的内容。三人以上的聚会，若交谈的话题太专业，致使某个人无法参与，这是有失礼貌的。一般而言，比较适合的交谈话题有下面五种。

（1）符合对方兴趣的话题

俗话说“酒逢知己千杯少，话不投机半句多”，人际交流一定要熟谙交往者的心理，要尽量选择对方感兴趣的话题，否则，交谈者虽一起相处，却味同嚼蜡，这样的交流是不能维系长久的。如果谈到对方反感的话题，应当表示歉意。

（2）对方或双方所擅长的话题

选择对方所擅长的话题，既能恰到好处地向客人表示敬意，又营造了容易产生互动的氛围。不过，通常在谈话时不宜触及自己一窍不通或知之甚少的内容，除非真的为了向他人求教。如果对方主动谈起了自己不熟悉的话题，应该洗耳恭听，认真请教，千万不要不懂装懂。若是选择双方擅长的内容，则更容易驾轻就熟，使双方交谈甚欢。

（3）时尚的话题

时尚的话题即此时此刻最流行的话题。比如，时事、节庆、天气、服饰、潮流等都是较好的话题。

（4）格调高雅的话题

不论是正式还是非正式的谈话，都不要对庸俗、低级、无聊的内容津津乐道。有教养的人总要选择一些适合自己身份、得体、有涵养、有深度的话题，如哲学、历史、文学、艺术、建筑、雕塑等。

（5）轻松愉快的话题

除非必要，不宜主动涉及让人心情沉重、悲哀、压抑、不快的诸如疾病、死亡等内容，而应当多选择谈起来让人轻松、愉快的内容，如体育比赛、文艺演出、电影电视、时尚流行、旅游休闲、名胜风光、烹饪小吃、名人逸事等。

2．不宜交谈的内容

（1）不非议党和政府

作为旅游工作者，作为中华人民共和国的公民，思想和行动上要与党和政府保持一致，这是基本教养。有意见可以通过适当的途径去反映，不要在正式场合随意非议。

（2）不涉及国家秘密与行业秘密

训练有素的旅游工作者，不能为了图自己嘴巴痛快，口无遮拦，泄露国家秘密与行业秘密，这是职业道德的底线。

（3）不随便议论敏感话题

有些话题应尽量避免，如敏感的政治问题、宗教问题等。

（4）不非议同事、领导和同行

旅游工作者应增强自身修养，不在外人面前随便非议同事、领导和同行。

（5）不涉及格调不高的话题

经常把家长里短、邻里纠纷、小道消息、低级笑话，甚至个人缺陷等话题挂在嘴边，是没有教养、没有品位的表现。

（6）不逢人诉苦

快乐可以与人分享，痛苦却应自己独尝，谁也不会以听人诉苦为自己的一大乐事。在谈话中亦须注意此点，不要逢人就诉说自己的苦恼、不幸、忧虑和悲哀，以免影响对方的情绪。

（7）不涉及隐私问题

个人隐私，泛指一个人不想告之于人或不愿对外公开的个人情况，在许多国家个人隐私都是受法律保护的。

凡事皆有分寸，关心也应有度，要是对于他人的关心过了头，使人感到的绝不会是温暖而只会是厌烦。过分关心别人，其实对对方也是一种负担或伤害。现代社会讲究关心有度，隐私问题不要谈。尤其在国外，人们普遍讲究崇尚个性、尊重个性，主张个人隐私不容干涉。

维护个人隐私就要记住关心有度的原则。由于文化习俗的不同，中国人爱谈论的许多内容都被外国人视为个人隐私。例如，中国人平日在交谈中，时常会问“忙什么呢”“想什么呢”等问题，跟外国友人交流时，他们会认为这并不是关心，而是存心要将他的个人隐私曝光。在国外，有“莫问小姐芳龄”“莫问先生收入”的说法，还有所谓“绅士只记得女士的生日，却记不清女士的年龄”的说法。究其原因，就是因为这些内容与个人隐私相关。随着社会的发展，中国人的隐私观念也越来越强了，谈论私人问题需十分谨慎。

如果是客人提出你不愿意谈论的问题，可以巧妙地回避。例如，客人问你的珍珠项链的价格，你可以回答说“对不起，我记不起来是多少钱了”或者说“对不起，这条项链是别人送给我的”等。

除非办理手续的必要，谈话中不要涉及客人的隐私，如女士年龄、婚姻、有无子女等，不要打听客人的职业、履历、财产、收入、所穿服装的质量和价格、所携物品的有关情况等，不以客人的生理特点如高、矮、胖、瘦等为话题。

（8）不轻易对客人说“不”

旅游工作者面对客人的询问，如果直接而生硬地回答“不知道”“不行”“没有”“办不到”等，都是非常不礼貌、不专业、有损企业形象的。在任何时候，都不要用简单的否定语言回绝客人的要求。如不了解相关情况，可积极替客人查询，或给客人提供一些参考性的建议，让客人始终有被尊重、被重视的感觉。

3．交谈形式禁忌

（1）不打断对方

打断对方的讲话是没有教养的体现，要让对方把话说完，不到万不得已不要插嘴。当短暂的沉默过后，两人同时开口说话时，要请对方先说。

如果因某种原因而必须插话时，应先征得对方的同意。可以对谈话者说“对不起，我可不可以插一句”“不好意思，请允许我补充一下”，得到许可后再说出自己的意见。但这样的插话不宜太多，以免扰乱对方的思路。

第三者要找交谈者中的某一方处理急事时，可先向谈话双方打个手势和招呼，说“很对不起，打断你们一下”，当他们停止交谈时，应用尽可能简明的语言说明自己的意思，离开时应再次表示歉意。

（2）不置疑对方

对对方说的话表示怀疑时，可以保留看法，但出于尊重，一般不要当面，尤其是当众置疑。

（3）不纠正对方

即在与人打交道的过程中，要宽容，有涵养，不随便去判断别人的是非。只要对方的言论不危及生命安全、不违背伦理道德、不触犯法律、不损害国格人格等，而只是读错一个发音、用错一个词语、说错一个无关紧要的数据，原则上都可以对之不理会，不必予以干涉与纠正，这是尊重对方的一个重要体现。

（4）不补充对方

补充别人的话，其实是想显得自己知道得比别人多，这样会给对方压力感和失落感。一个真正懂得交往艺术的人，会给对方以表现的机会，而不是努力表现自我。

二、交谈技巧

（一）善于聆听

交流是由说者、听者和交流的主题三要素构成的，好的听者是交流顺利进行的保障。在谈话中，能说会道的人不一定是最好的交谈者。聆听在交谈中十分重要，许多杰出人物都很注意在交谈中运用听的技巧。

一般来说，对于他人的讲话内容，我们只能听到其所说的一半，只能理解我们所听到的一半，并且只相信所理解的一半，最后只记住了我们所相信的一半。由此可见，会听比会说更难。一个好的交流者必须是一个好的听众。然而，一般人总是急于表达自己。许多人习惯于听而不闻，或者没有养成轮流发言和紧扣话题的好习惯，在交流过程中形成了一些不良的听讲毛病，所以常常曲解和误解他人的意思。聆听也需要学习和练习，好的听者除了在思想上做好接受信息的准备之外，还必须做到在交流中给说者以信心以及对所听内容进行及时反馈，以提高聆听效率。

1．树立轮流说话的意识

人人都应该有讲话的机会，而且倾听别人讲话能从中得到启发，并使自己讲得更好。有些人只顾自己夸夸其谈，而不顾别人是否有话要说，这是典型的不听别人讲话的失礼表现。

2．不用“有色眼镜”去判断对方

个人的价值观念、信仰、理解方法、期望和推测，都会成为妨碍聆听对方讲话的“有色眼镜”。不要以自己的主观思想去判断对方，应该考虑如何理解和运用讲话人所提供的信息。讲话人所用的言辞以及性别、文化差异等都可能增加聆听的难度。非语言信号和语调也会成为影响交流的潜在因素。即便讲话人的表达缺乏条理也要继续听下去，并尽量控制住自己可能出现的无礼反应。

3．偶尔的提问或提示

偶尔的提问或提示可以澄清谈话内容，或给讲话人以鼓励。例如：“我可能没有听懂，您能否再讲具体一点”“还有哪些方面需要考虑呢”“您能详细说明一下刚才所讲的是什么意思吗”。注意，这些问题都是为了要求对方提供信息而问的，而不是对讲话人所讲的内容进行评论。为了鼓励讲话人，可以采用以下方法进行提问和评论：“您提出了好几条建议，您认为哪一条最好呢”“快跟我说说吧”“这很有趣，请接着说”。

4．及时给予反馈

及时给予反馈即用自己的语言复述对讲话人所表达的思想与感情的理解，如“哦，您的证件没有带”“您对这道菜的味道不满意”等，以这样的方式给讲话人以反馈，从而完成聆听的全过程，并告诉他其信息已被听到并理解了。

也可以用确定性的语言提问与陈述自己对信息的理解和判断，并对以后可能出现的情况做出预测。例如，“我们能否推断这就是下一个步骤”“情况是否是这样……”“您是否觉得，如果我不立即给顾客打电话，我就会失去这次机会”。总之，在反馈信息时，结论性的语言最好是对方的观点或者双方共同的意见，尽量不使用或少使用“我认为”这种说法。

5．适当借鉴讲话人的行为

借鉴讲话人的行为也能达到认真聆听的效果，但注意一定要适度，以免使人觉得你是在取笑或故意学他的样子。部分可借鉴的动作如下：使自己的音高与讲话人一致；使自己的音量与讲话人一致；注意并使用一些与讲话人所用词句相同的词句；模仿讲话人的姿势；坐下时身体向前倾还是向后仰，是否把手放在桌子上，都仿照讲话人而行；使呼吸频率与讲话人相同，但不要太明显。

（二）委婉表达

委婉表达是指讲话时出于尊重客人的考虑，不直接说明本意，而是用婉转的语言加以暗示，既能达到使对方意会的沟通效果，又不致伤害对方的情感或让对方尴尬。

工作中常有这样的情形：想说服对方接受自己的意见，又怕引起反感；不同意对方的主张，既不愿说违心的话，又不想发生争执；对对方的请求难以满足，又怕因拒绝而伤对方的自尊心等。为了巧妙地应付上述种种情形，旅游工作者应当学会委婉地表达自己的意见和想法，使对方乐于接受。委婉表达语气亲切、语调柔和、措辞委婉、说理自然，多用商量式、询问式、建议式、选择式、劝告式语气，避免转达式、通知式、命令式、训诫式语气。

在旅游接待与服务工作中，委婉表达的作用不能低估。得体的委婉表达，能表达善意和尊重，体现说话者良好的语言素养，进而显现出文明和高雅的风度。它可以减少刺激性，帮助消除矛盾，使交际双方免于难堪，或者使说话者留有余地而免于被动。这样的语言使人愉悦亲切，有较强的说服力，往往能达到以柔克刚的交际效果。具体地讲，在说服别人时，应当尽量采用商量的口吻，避免使用武断词句，比如将“我认为”改为“您看是不是这样”或“您认为……”等，这样对方在接受你的意见时，就不会感到被动、勉强和有压力了。

拒绝别人的好意或是表述自己的不同意见时，最好也采用委婉的方式，使对方感到他是受尊重的。比如，别人邀请你一道出游，你不想去或是因故不能去，可以回答“我很想去，但事先已有其他安排，去不了，很遗憾”。如果直言“没空”“去不了”或“不想去”，会使对方感到难堪。再如，遇到持不同意见者时，最好不要说“你的看法是错误的”，而应当说“你的说法是否可以再商榷”，这样就能避免因过于直白而伤害对方的感情。

（三）学会赞美

在人际交往中，当得到别人真诚的赞美时，人的精神会因此振奋。团体心理辅导中，有“抢坐红椅”活动这种赞美表达训练法，培养人们赞美别人的能力。即：当大家初步相互了解后，每个组员轮流坐在中间的红椅上，其他组员用实事求是的话语来赞美他。结果，每个从红椅上下来的人都非常兴奋，这是因为被赞美是人们满足尊重需求的一个十分重要的方面。

如何赞美人，怎样的赞美才能真正打动对方，从而起到缩短彼此之间心理距离、沟通双方内心情感的作用，还需遵循一定的原则。

1．赞美要出于真诚

赞美不能被简单地等同于取悦他人的方式，而应作为一种语言交流的“调味剂”，在与客人沟通时可适时采用。赞美一定要注意时间、条件、场合和事实情况，而不能毫无根据地盲目赞美，那样不仅达不到预期的效果，还会使对方对你形成待人虚伪、没有诚意的印象。

2．赞美要明确具体

空泛、含混的赞美，因为缺少明确的评价原因，常使人无法接受，有时甚至会让对方怀疑你的动机与意图，并由此而怀疑你的鉴赏力与判断力，所以赞美一定要明确具体。例如，“真想不到你的工作效率这么高”“这套衣服很适合你的气质”“这个计划立意非常好，市场前景分析得很透彻”这种明确的赞美要比“你工作很不错”“你今天很漂亮”“你的计划很好”这种没有具体内容的赞美更容易被人接受。

3．赞美要选准时机

要取得赞美的效果还必须相机行事、适时而为。例如，当得知客人准备做一件有意义的事时，事前赞扬能够促使和激励他下决心做出成绩；事中赞扬可使他努力坚持、再接再厉；事后赞扬可使他肯定成绩，明确进一步努力的方向。

在众人都在场的情况下，如果只是赞扬其中一人，会引起在场其他人心理上的不平衡。这时，可以寻找别的理由或别的方面提及其他人，来消除他们的不快情绪。

4．赞美要因人而异

赞美应懂得适合对方的心理需求。

1）对不同性别的人赞美：女性比较希望被人赞美的往往是其魅力、风度、青春、容貌、个性及打扮，甚至声音、肤色、服装式样等；对男性，一般则应着重赞美其体魄、气质、风度、学识、技能、谈吐、为人、作风及事业的成功等。

2）对不同年龄的人赞美：对于老年客人，可以将他引以为豪的过去作为称赞的重点，这样最能迎合老年人喜欢怀旧的特点和引发他老当益壮的豪气；对青年客人，则可赞扬他的创造才能和开拓精神，这可以激发他不断进取、继续努力的勇气。

3）对不同行业的人赞美：知识分子最希望自身价值得到别人的承认，所以，可赞扬他知识渊博、研究工作硕果累累；商人最需要别人与他分享事业上的成就感，可从生财有道的角度来赞扬他。

5．赞美要雪中送炭

最有效的赞美不是锦上添花，而是雪中送炭。最需要赞美的不是那些早已声名显赫的人，而是那些被埋没、内心有自卑感的人。他们一旦被当众真诚赞美，就好比干涸的心灵受到了甘露的滋润，会重新找回自信心，从而精神振作。

对一个人来说，最值得赞美的，并不是他身上早已众所周知的长处。如果能发掘出蕴藏在他身上的鲜为人知的优点，并及时予以肯定与赞扬，他一定会倍加珍惜你的真诚，并对你的洞察力产生难忘的印象。

（四）适度幽默

一个人的表达，准确是基础，清晰是前提，礼貌是保障，风趣幽默是高要求。掌握了幽默的技巧，才能成为一个令人愉快的谈话对象。人们在交谈时，不但要把话说得清楚明白、礼貌得体，还要把话说得有趣，增加语言的感染力，这就要借助幽默的力量。尤其是在较为轻松的社交场合，对严肃的话题辅之以适当的、健康的幽默语，往往会收到意想不到的谈话效果。

风趣幽默的话语是人际关系的“润滑剂”，它能调节气氛、化解疑虑、消除隔阂、缩短距离，使人感到轻松愉快。在社交场合，那些谈吐风趣、令人捧腹的人总是很受欢迎的，而那些迟钝呆板、不苟言笑的人就黯然失色了。美国前总统里根有一个由六位专家组成的

“幽默库”，专门为他提供幽默材料，就是为了使他的讲话富有感染力。

诙谐幽默是自信和智慧的综合表现，人人都喜欢和机智风趣、谈吐幽默的人交往，而不愿同动辄与人争吵，或者郁郁寡欢、言语乏味的人来往。

幽默是对言谈更高层次的要求，它是一个人的文化、修养、道德、智慧，乃至应变能力和语言表达能力等多方面因素的综合反映。幽默感的形成并非一朝一夕之功，需要慢慢培养。首先要乐观地对待生活中的一切挑战，努力发掘生活中有趣的地方；其次要敢于自嘲，不讳言自己的缺点、过失。此外，还要加强自身的文化修养，广泛地吸取生活的养料，掌握驾驭语言的本领。

幽默不同于滑稽，更不等于轻浮。有些人幽默过度，成了油腔滑调；有些人不顾场合地插科打诨，笑料低级、庸俗；还有些人拿别人的生理缺陷开玩笑，伤害别人的自尊。这些不仅不给人以睿智的美感，而且是非常无礼的。

总之，与人交谈是一门艺术，培养良好交谈技巧的途径有树立良好的礼貌用语意识，培养丰富的个人情感，博览群书丰富知识，积极进行语言实践锻炼等。

第二节　称 呼 礼 仪

称呼，不论是用口头语言，还是用书面语言，在交往时都十分重要，它表示对人的尊敬与否。称呼是给人的第一印象，是交谈前的敲门砖。旅游工作者在人际交往中，既要注意学习、掌握称呼的基本规律和通常做法，又要特别注意各国之间的差别，认真区别对待。

一、国际通用称呼礼节

（一）对男性、女性

“先生”“女士”“小姐”是国际上通用的称呼。对男子无论年龄大小，一般可统称“先生”；对女子的称呼，则要根据她们身份的不同而不同。一般来说，对未婚女子可称“小姐”，对已婚女子可称“太太”，对身份高的已婚女子可称“夫人”，对职业女性可称“女士”，对德高望重的女士有时也可称“先生”（如宋庆龄先生、杨绛先生等）。

这里要特别注意的是，在英美文化背景下，如果不知一位女性是否已婚，都应称其为“小姐”，在比较严肃的场合应该称“女士”，但却不可妄称“太太”。

有一位先生为他的外国女客人订生日蛋糕，蛋糕店服务员问：“请问您的朋友是小姐还是太太？”这位先生也不清楚女客人结婚没有，他想想说：“一大把年纪了，太太！”

蛋糕做好后，服务员按地址到酒店的客房送生日蛋糕。服务员敲门，一女子开了门，服务员有礼貌地说：“请问您是怀特太太吗？”女子愣了愣，不高兴地说：“噢，错了！”

服务员抬头看看门牌号，没错，再敲一遍，女子开了门。“没错，怀特太太，这是您的蛋糕。”那女子大声说：“告诉你错了，这里只有怀特小姐，没有怀特太太。”

“啪”一声，门被大力关上，蛋糕掉在地上……

（二）对地位高的官方人士

对地位高的官方男性人士一般称“阁下”，或“职衔+先生”，如“部长先生”“总理先生”。对有高级官衔的女性人士也可称“阁下”。

（三）对君主制国家的贵宾

称国王、皇后为“陛下”，称王子、公主、亲王等为“殿下”，对有公、侯、伯、子、男等爵位的人士，既可称其爵位，也可称“阁下”，一般也称“先生”“女士”。

（四）对有职业或职务和学位者

如果知道其职业，可称呼“服务员小姐”“护士小姐”“秘书小姐”等，医生、教授、法官、律师、博士等可以直接作为称呼，也可加上姓氏或“先生”，如“李律师”“法官先生”等。

德国人非常注重形式，因此，在与德国客人交往中，如果他有博士头衔，就要不厌其烦地使用这个称呼，显得尊敬与亲热。

（五）对军人

对军人一般称其军衔或“军衔+先生”，如“上校”“上校先生”；知其姓名可冠以姓与名，如“莫利少校”“戴维斯元帅先生”；有些国家对将军和元帅等高级将领也称“阁下”，如“威尔逊将军阁下”。

（六）对神职人员

对教会中的神职人员，可称其教会内的职称。例如，伊斯兰教中有“阿訇”（波斯语音译）、“毛拉”（阿拉伯语音译），基督教中有“神父”（天主教）、“牧师”（基督新教），道教对道士、道姑都称“道长”，佛教对和尚、尼姑都称“法师”（在家佛教徒称“居士”）。也可用“姓名+职称”或“职称+先生”，如“牧师先生”；对主教以上的神职人员，有时也可称“阁下”，如“主教阁下”。

另外需要注意的是，各种宗教的教制、教职在不同国家和地区也不尽相同，故而对神职人员的称谓也不完全一致。如果与他们打交道，需要提前了解。

（七）对少数民族、外地人或外国人

应注意礼节、礼貌，要严格禁止各种侮辱性的称谓，如“蛮”“夷”“番”“日本鬼子”等。

按照行业规范要求，旅游接待与服务人员一定要善于记住客人的姓氏或姓名。尊称客人时，在“先生”“小姐”“夫人”等称呼前面加上客人的姓氏会使客人有亲切感，应注意使用，但不能直呼其名。在工作场合，即使是认识的和熟悉的人，也不要直呼其名。还要注意的是，旅游工作者在指代第三者时，不能称“他”或“她”，应称“那位先生”或“那

位小姐”。

二、部分国家的称呼礼节

（一）泰国

泰国人不是按“姓”来称呼对方，如“陈先生”“张女士”，而是按“名”来称呼，如“建国先生”“秀兰女士”等。

（二）美国

多数美国人不喜欢用“先生”“夫人”“小姐”这样的称呼，觉得过于正规。他们喜欢别人直接叫自己的名字，朋友间直呼教名。这样称呼被认为是一种亲切、友好的表示。

（三）德国

对德国人千万不要像对美国人一样直呼其名（除非他本人允许），称呼前面最好加头衔。

（四）英国

当与英国人交往时，不要把英国人通称为英国人，而应该称“不列颠”人，因为英国人主要由英格兰人、威尔士人、苏格兰人和爱尔兰人组成。

（五）俄罗斯

俄罗斯人见面时要称呼对方的名字+父名，光称姓是不礼貌的。

总之，在接待外宾时，既要注意国际通用的习惯称呼，也要考虑客人所属国的具体情况，使用合适的称呼是至关重要的。

三、国内的习惯性称呼礼节

中国人历来重视社会交往中的称呼，有敬称、美称、谦称、昵称、爱称等。恰当使用称呼，往往能体现一个人谦和诚挚、高贵优雅的礼仪修养。

（一）对称敬词

1．您

“您”在古时与“你”通用，近代逐渐被全国通用为“你”的敬称。对尊长或同辈称呼“您”，表达了一种敬意。有时为强调尊重对方，对非亲属的晚辈也可称“您”。关系亲密的同辈，用“你”互称，含有亲切和谐的意味，并没有不尊敬的问题。一般情况下，尊长称晚辈为“你”。

有一种情况应引起注意，即在对两个或两个以上的人表示尊敬时，有人用“您们”来称呼，这是不符合现代汉语语法规范的，是错误的，对此可换一种说法，比如“您二位”来称呼他们。

旅游工作者称呼客人时，一定注意要用“您”，而不是用“你”。

2．×老、老×

中国传统文化以“老”为褒义，在称呼前后贯之以“老”是一种尊称，如称资历深、年长者为“您老”，经验丰富的技术工人被人称作“老师傅”，德高望重的学者被人称为“×老”等，即使一般的年长者也都喜欢被尊称为“老大爷”“老大娘”。

3．同志

古时，志趣相同的人称“同志”；近代，志同道合、理想一致的人互称“同志”；新中国成立以后，“同志”渐渐成为祖国大陆公民相互间的普通称呼，在使用上并无年岁长少、地位尊卑的区别。近些年来“同志”这一称呼的使用已越来越少，正逐渐被“先生”“小姐”“女士”所替代。

4．先生、小姐

随着改革开放的深入，“先生”“小姐”这类西方国家的称呼在国内也使用得越来越普遍。

5．师傅

“师傅”一般指徒弟对自己学艺的传授人的敬称。但在北方的一些地方，“师傅”成了一种通用的称呼，像“同志”一样，无性别、年龄、职业的区分，如对售货员与汽车司机都可称“师傅”。但年轻女性一般无法接受这一称呼。

6．姐姐、哥哥

这种称呼在广东人中比较普遍使用，对年纪不太大的女性和男性都可称“姐姐”和“哥哥”。

（二）自称敬词

用“愚”“鄙”“卑”等词来称自己或与自己相关的人和物，从而表达对对方的尊敬。例如，称自己为“愚”“鄙人”，称自己的见解为“愚见”“鄙见”“陋见”，称自己的身体为“贱躯”，女子称自己为“贱妾”，称自己的著作为“拙著”“拙文”，称自己的居所为“寒舍”“斗室”“陋室”等。

（三）美称

美称是表示关系密切和看重的称呼，书面语中用得较多的是以“贤”“令”构成的一系列美称，如“贤弟”“贤侄”“贤婿”，“令尊”“令堂”“令郎”“令媛”等。美称对方的子女为“公子”“千金”等。

（四）昵称

例如，称小孩为“宝宝”“宝贝”，粤语称小孩为“鬼仔”、小女孩为“妹妹头”，湖南人称年轻女孩“妹陀”、小孩为“小屁股”等，都是表示喜欢意味的昵称。

四、称呼禁忌

在交往中，称呼不当就会失敬于人，失礼于人，有时后果不堪设想，因此一定要注意称呼的禁忌。

（一）错误的称呼

称呼对方时，记不起对方的姓名或张冠李戴叫错对方的姓名，都是极为不礼貌的行为，是社交大忌。尤其是外国人的姓名，在发音和排列顺序上同中国人的姓名有很大的差别，如果没有听清楚或没有把握，最好多问几次也不要叫错。将未婚女性称为“夫人”也是极端不受欢迎的。

（二）易产生误会的称呼

不论是自称还是称呼他人，要注意不要使用让对方产生误会的称呼。例如，中国人爱把自己的配偶称为“爱人”，而外国人则将“爱人”理解为婚外恋的第三者。还有“同志”“老人家”等易让外国人产生误会的称呼也不要使用。另外，也不要使用过时的称呼或者不通用的称呼，这会让对方不知如何理解。

有些称呼具有很强的地方色彩。比如，北京人爱称人为“师傅”，山东人爱称人为“伙计”。但是在南方人听来，“师傅（父）”等于“出家人”，“伙计”肯定是“打工仔”，都是不受欢迎的称呼。

（三）低级庸俗的称呼或绰号

在正式场合，不要使用低级庸俗的称呼或绰号。关系相对亲密的同事、朋友之间，也不是绝对不可以用，但要注意礼貌。

（四）歧视侮辱性的称呼

在任何情况下都不要使用诸如“老棺材瓤子”“老毛子”“洋妞”“黑鬼”“Negro”等歧视侮辱性的称呼。“Negro”来源于西班牙语和葡萄牙语，原本是“黑色的”意思。黑人初抵美国时也自称为“Negro”，后来奴隶主阶层都恶狠狠地称黑奴为“Negro”，因此，“Negro”一词引起了黑人的反感，成了“黑奴”“黑鬼”的同义词。目前，“Negro”在美国被认为含有明显的歧视含义。

另外，“老弱病残”的称呼也带有一定程度的歧视侮辱性，应尽量避免使用。

第三节 仪态礼仪

旅游工作者的仪态主要指其在旅游公关活动中的身体姿势，如站立的姿态、走路的步态、运用的手势等。

仪态美在外表上表现为一种优雅的举止和洒脱的风度，而高尚的情操、广博的学识等内在因素才是它的本质，我们所追求的仪态美是一种内外和谐的、完善的美。

一个人优雅、得体、自然的举止，不是为了某种场合硬装出来的，而应是日常生活中的修养所致，是一种长久熏陶、顺乎自然的结果。这就要求旅游工作者要时常有意识地调整、训练自己的举止，从最基本的站、坐、蹲、走、手势等做起，塑造良好的个人仪态。

一、站姿

站姿是一个人全部仪态的根本之点，是发展不同动态美的基础。采用标准的站立姿态服务，是旅游工作者尤应注重的基本功之一。

（一）站姿要求

古人所谓的“站如松”是指要站得像松树一样挺拔，除此之外，旅游工作者还必须站得自然、优美而典雅，整体看起来令人赏心悦目。良好的站姿要注意以下方面：

1）头、颈、身躯及双腿应与地面垂直，身体的重心在两腿之间；

2）双肩水平，两臂自然下垂，手指自然弯曲，或其他手位；

3）立腰、挺胸、收腹、提臀、下颌微收，站直后挺胸、收腹才会有挺拔之美感，而立腰是支撑挺胸、收腹的关键。

采取标准站姿，不仅会使人看起来稳重、大方、俊美、挺拔，还有利于呼吸，改善血液循环，并且在一定程度上减缓身体疲劳。如需长时间站立，则可对标准站姿适当调整。要领是两腿稍分开，将身体重心在左右腿轮换，但幅度不宜过大，轮换次数不宜过频。

（二）站姿类型

旅游工作者的站姿一定要合乎规范，下面的几种站姿类型可供其在不同部门、不同场合适当选用。

1．根据手位（见图 3-1）分类

a）　b）　c）

图 3-1　站姿手位

a）侧放式　b）前腹式　c）后背式

1）侧放式，双手自然放在腿部两侧；

2）前腹式，双手相交在腹前；

3）后背式，双手背后轻握。

2．根据脚位分类

1）“V”字式，双脚成“V”字形，男女均适用；

2）“丁”字式，一脚稍微向前，脚跟靠在另一脚内侧，适用于女性；

3）平行式，双脚叉开，但间距最大不超过肩宽，适用于男性。

需要注意的是，不论何种站姿类型，改变的只是手和脚的位置和角度，而身体要保持绝对的端正、挺拔。

（三）男女差别

男性在站立时，要力求给人一种阳刚之美。双脚可以叉开，两脚之间相距的极限不能超过肩宽。

女性在站立时，则要给人一种宁静之美。双脚可呈“V”字形或“丁”字形。

（四）不良站姿

1．身躯歪斜

站立姿势以身躯直正为美。在站立时，若是身躯出现明显的歪斜，将直接破坏人体的线条美，而且还会给人颓废消沉、自由放纵的直观感受。

2．弯腰驼背

弯腰驼背其实是身躯歪斜的一种特殊表现。除腰部弯曲、背部弓起之外，它大都会伴有颈部弯缩、胸部凹陷、腹部挺出、臀部撅起等其他不雅体态。凡此种种，都会显得一个人健康欠佳，无精打采。

3．趴伏倚靠

在工作岗位上要确保自己“站有站相”。随随便便地趴在一个地方，伏在某处左顾右盼，倚着墙壁、货架而立，靠在台、桌边，都是极不雅观的。

4．双腿大叉

双腿在站立时分开的幅度，在一般情况下越小越好。在可能之时，双腿并拢最好，即使是分开，也要注意不可使二者间的距离超过本人的肩宽。

5．脚位不当

“人”字式、蹬踏式等脚位都是不允许的。所谓蹬踏式，是指站立时为图舒服，在一只脚站在地上的同时，将另一只脚踏在椅面上、蹬在窗台上、跨在桌面上等。

6．手位不当

站立时不当的手位主要有：双手叉在腰间，将手插在衣服的口袋内，双手抱在胸前，双手支于某处，手持私人物品，下意识地做些小动作等。

以上手位不但显得拘谨，给人缺乏自信和经验之感，而且也有失仪态的庄重。

7．半坐半立

在工作岗位上，该站就站，该坐就坐，而绝对不允许在需要站立时，为了贪图安逸而擅自采取半坐半立之姿。

8．全身乱动

站立乃是一种相对静止的体态，因此不宜在站立时频繁地变动体位，甚至浑身不住地上下乱动。手臂挥来挥去，身躯扭曲，腿脚抖来抖去，都会使站姿变得十分难看。

二、坐姿

“坐”是一种静态身体造型，是旅游工作者出席各种活动经常呈现出来的身体姿态。

（一）坐姿要求

旅游工作者除了应体现出“坐如钟”的稳健，还要注意坐姿的文雅自如，其要求是端正、稳重、自然、亲切，给人一种舒适感。

良好的坐姿应注意以下方面：

1）坐姿端正，上身自然挺直；

2）两腿自然弯曲，双脚平落地上；

3）入座时走到座位前再转身，转身后右脚略向后退，从容不迫地坐下；

4）女士着裙装入座时，应先将裙子向前拢一下以防裙摆上翘，起立时右脚先向后收半步，用手压住裙摆，然后起身；

5）规范的坐姿通常只坐满椅子的三分之二，在与他人交谈时不可轻易将自己的头部仰靠在椅背上，不然会显得非常失礼。

（二）坐姿类型

坐姿要根据椅面的高低及有无扶手来调整，并注意两手与两腿的规范摆法。

1．手的摆放

手的摆放取决于座椅的扶手情况。有扶手时，双手轻搭或一搭一放；无扶手时，两手相交或轻握，或者呈“八”字形置于腿上。坐姿手位见图 3-2。

图 3-2　坐姿手位

2．腿的摆放

腿的摆放取决于座椅的高低。如坐低矮的沙发时，可两腿并拢，自然倾斜于一方；凳面较高时，可一腿略搁于另一腿上、脚尖向下；坐椅面高度适中时，女士两腿相靠，男士可以稍稍分开，但不能超过肩宽。

（三）入座、离座要求与女士乘坐轿车的要求

1．入座的要求

（1）注意次序

出于礼貌，地位平等可与对方同时入座，而当对方是尊者，如上级、顾客时，一定要先让对方入座，切勿自己抢先入座。

（2）在适当之处就座

在大庭广众之前就座时，一定要坐在椅、凳等常规位置，而坐在桌子上、窗台上、地

板上等处，往往是失礼的。

（3）在合“礼”之处就座

与他人同时就座时，应当注意座位的尊卑，主动将上座让于上司或客人。

（4）从座位左侧就座

若条件允许，在就座时最好从左侧接近座椅，这样做既是一种习俗，也是一种礼貌。

（5）向周围之人致意

在就座时，若附近坐着熟人，应主动跟对方打招呼；若不认识身边的人，亦应向其先点头示意，征求其同意。

（6）轻手轻脚就座

就座时，要减慢速度，放轻动作，尽量不要弄得座椅乱响、噪声扰人。

2．离座的要求

（1）先有表示

离座时，身旁如有人在座，须以语言或动作先向其示意，随后方可起身。一跃而起会令邻座和周围人受到惊扰。

（2）注意次序

与他人同时离座，须注意起身的先后次序。地位低于对方时，应稍后离座。双方身份相似时，才允许同时起身离座。

（3）起身缓慢

起身离座时，最好动作轻缓，无声无息，尤其要避免“拖泥带水”，弄响座椅，或将椅垫、椅罩弄得掉在地上。

（4）站好再走

离开座椅后，先要采用“基本的站姿”，站定之后方可离去。若是起身便跑，或是离座与走开同时进行，则会显得过于匆忙、有失稳重。

（5）从左离开

在可能的情况下，坐下后起身宜从左侧离去。与“左入”一样，“左出”也是一种礼节。

3．女士乘坐轿车要求

女士在乘坐轿车等交通工具时，也应注意姿势优雅、端庄、大方。女士上车前应背对车门，款款坐下；待坐稳后，头和身体进入车内，然后再将并拢的双腿一并收入车内；最后转身面对行车的正前方向，同时调整坐姿，整理衣裙，两脚靠拢。下车时，待车门打开后，转身面对车门，同时将并拢的双腿轻轻移出车外，双腿同时落地踏稳后，再缓缓将身体移出车外。

（四）不雅的坐姿

1．不雅的腿姿

（1）双腿叉开过大

面对外人时双腿如果叉开过大，不论是大腿叉开还是小腿叉开，都极其不雅。

（2）架腿方式欠妥

将一条小腿架在另一条大腿上，两者之间还留出大大的空隙，成为所谓的“架二郎腿”，甚至将腿搁在桌椅上，就更显得过于放肆了。

（3）双腿过分伸张

坐下后，将双腿直挺挺地伸向前方，这样不仅会妨碍他人，而且也有碍观瞻。因此身前若有桌子，双腿尽量不要伸到外面。

（4）腿部抖动摇晃

为求放松而在坐下后抖动摇晃双腿也是极不礼貌、令人厌恶的行为。

2．不安分的脚姿

以下都是不文明的陋习：两脚尖朝内、脚跟朝外，形成内八字形；坐下后脚跟接触地面，而且将脚尖翘起，使鞋底在别人眼前“一览无余”；以脚蹬踏其他物体和以脚脱鞋袜等。

3．不知所措的手姿

（1）以手触摸脚部

就座以后用手抚摸小腿或脚部，都是极不文明、不卫生的坏习惯。

（2）手置于桌下

若身前有桌子时，就座后双手都应置于桌上。单手或双手放于桌下是不妥的。

（3）手支于桌上

用双肘支在面前的桌子上，对于同座之人是不礼貌的做法。

（4）双手抱在腿上

这样做虽使自己感到惬意放松，但在接待客人时就不可取。

（5）双手夹在腿间

坐下后将双手夹在两腿之间，这样会显得胆怯害羞、自信心不足，也显得极其不雅。

三、蹲姿

蹲姿是由站立姿势变化而来的相对静止的体态，是由站立的姿势转变为两腿弯曲和身体高度下降的姿势。蹲姿其实只是人们在比较特殊的情况下所采取的一种暂时性的体态，所以不要随意蹲下。

（一）适用情况

旅游服务礼仪规定，只有遇到下述几种比较特殊的情况，才允许工作人员在其工作中酌情采用蹲的姿势。

1．整理工作环境

在需要对自己的工位进行收拾、清理时，可采取蹲的姿势。

2．给予客人帮助

需要以下蹲姿势帮助客人时，如与一位需要帮助的儿童进行交谈时，可以这样做。

3．提供必要服务

当服务人员为客人服务，而又必须采用下蹲姿势时。例如，当客人座位处较低，以站立姿势为其服务既不方便，又显得高高在上、不礼貌，此时可改用蹲的姿势。

4．捡拾地面物品

不宜弯身捡拾拿取地面物品，背对着他人时这么做则更为失礼、不雅。

（二）标准蹲姿

1．高低式蹲姿（见图 3-3）

基本特征是双膝一高一低，双腿不并排在一起。女性应两腿靠紧，男性则可适度地将其分开。臀部向下。

图 3-3　高低式蹲姿

2．交叉式蹲姿（见图 3-4）

适用于女士，尤其是身穿短裙的女士。它的优点是造型优美、典雅。蹲下后双腿交叉在一起。其要求为：下蹲时，左右腿交叉重叠，上身略向前倾，臀部朝下。

图 3-4　交叉式蹲姿

四、走姿

走是人生活中的主要动作和人类行为的重要内容。优美的走姿别有一种动态的美，历来为世人所重视。稍微留心一下就会发现这样的情景：有些人精心打扮、穿着入时，但走起路来摇头晃脑，显得粗俗；而有的人虽然服饰简单，优美的走姿却使他气度不凡。由此可见，人是可以走出风韵和神采的。

（一）走姿要求

在各种礼仪及社交场合，仪态美最能从走姿中得到体现。“行如风”是人们对矫健走姿的赞美，指轻盈的步态如微风吹过一样。正确的走姿应当是轻松有力且富有弹性的，要求如下：

1）双目平视前方，面带微笑；
2）上身正直不动；
3）双肩相平不摇，两臂自然摆动，两腿直而不僵，身体重心始终在脚掌前部；
4）抬步时应保持身体的挺胸收腹状态，使身体略微上提；
5）要注意控制和掌握行走时的步频（快慢节奏）和步幅（步行间距）；
6）行走线路尽量靠右，遇友人和客人，应表情自然注视对方，主动点头致意或问好；
7）上下楼梯时，肩要立，背要直，头要正，手不要扶楼梯栏杆。

（二）注意要点

在行进时，应当特别关注以下六个方面。

1．方向明确

在行走时，必须保持明确的行进方向，尽可能地使自己犹如在一条直线上行走，给人以稳重之感。

2．步幅适度

虽说步幅的大小会因人而异，但就一般规范而言，在行进时的步幅应与本人一只脚的长度相近，即男子每步约 40 厘米，女子每步约 37 厘米。

3．速度均匀

在一定的场合，一般应当保持相对稳定的速度。在正常情况下，服务人员以每分钟走 60～100 步为宜。

4．重心放准

正确做法：行进时身体向前微倾，重心落在前脚掌上。在行进过程中，应注意使身体的重心随着脚步的移动不断地向前过渡，而切勿让身体的重心停留在自己的后脚上。

5．身体协调

行进时保持身体的和谐，需注意：走动时要以脚跟首先着地，膝盖在脚部落地时应当伸直，双臂在身体两侧一前一后地自然摆动。

6．造型优美

应做到昂首挺胸，步伐轻松而矫健。其中最为重要的是，行走时应面对前方，两眼平视，挺胸收腹，直起腰背，伸直腿部，使自己的全身从正面看上去犹如一条直线一般。

（三）男女差别

男性与女性在行进时，具有不同的风格。

男性在行进时，两脚尖稍外展，通常速度稍快，步幅稍大，步伐奔放有力，充分展示男性的阳刚之美。

女性在行进时，两脚交替走在一条直线上，称“一字步”，以显优雅。

（四）情景差别

在旅游接待工作中，工作人员常处在不同的场所中，也有不同的工作特点，因此走姿特点也应有所不同，下面是一些注意事项。

1）在行进过程中与客人相遇时，应面带微笑主动问候，并侧身礼让。不能用眼睛斜视客人，问候时应伴随头和上身的转动。

2）在与客人告别时，扭头就走是失礼的，应先向后退一步，再转身离去。

3）在楼梯上、较窄处与客人相遇时，应将前胸转向客人，而不是将后背转向客人行走。

4）在前面引导客人时，要尽量走在客人的左前方，上体稍转向客人行走，保持两三步的距离，不可走在客人的正前方挡住客人的视线。

5）在酒店不同场所，走姿要求也应有所不同。前厅空间较大，工作人员的仪态尽收客人眼底，因此一定要有优美的走姿，走路步幅、速度要适中；客房是客人休息的地方，工作人员走路一定要轻巧；餐厅服务人员的托盘走姿要规范，不可有髋部的摆动，步幅要平稳；歌舞厅和其他娱乐场所，服务人员的走姿可以轻盈、灵活一些。

（五）错误的走姿

1．横冲直撞

行进时专拣人多的地方行走，在人群之中乱冲乱闯，甚至碰撞到他人的身体，这是极其失礼的。

2．抢道先行

行进时要注意方便和照顾他人，通过人多路窄之处务必要讲究“先来后到”，对他人“礼让三分”，让人先行。

3．阻挡道路

在道路狭窄之处，悠然自得地缓步而行，甚至走走停停，或者多人并排而行，显然都是不妥的。服务人员还须切记，一旦发现自己阻挡了他人的道路，务必要闪身让开，请对方先行。

4．蹦蹦跳跳

要注意保持自己的风度，不宜使自己的情绪过分表面化，不宜出现连蹦带跳的失态情况，那会显得不稳重。

5．奔来跑去

有急事要办时，可以在行进中适当加快步伐。但若非碰上了紧急情况，则最好不要在工作时跑动，尤其是不要当着顾客的面突然跑动。那样通常会令其他人感到莫名其妙，产生猜测，甚至还有可能造成过度紧张的气氛。

6．制造噪声

走路时要轻手轻脚，不要在落脚时过分用力，走得“咚咚”直响。上班时不要穿带有金属鞋跟或钉有金属鞋掌的鞋子。上班时所穿的鞋子一定要合脚，否则走动时会发出令人厌烦的噪声。服务人员应有意识地使行走悄然无声。

7．步态不雅

走成“八字步”或“鸭子步”，步履蹒跚，腿伸不直，脚尖首先着地等不雅步态，要么使行进者显得老态龙钟、有气无力，要么给人以嚣张放肆、矫揉造作之感。

需要特别注意的是，女性旅游从业人员在工作时，出于自尊自爱，不可随意双腿叉开站立、蹲下或坐下。这三大“非淑女之举”均是不雅的行为。

五、手势

手势是人际交往中不可缺少、使用最广的一种体态语言。在社交活动中，手势有助于清楚地表达自己的意思，如招手、挥手、摆手、摊手等都含有使用者不同的心理情感。了解手势的含义及其表达方式，有助于培养良好的仪态。

旅游工作者使用手势动作时，要注意规范适度。根据礼仪的惯例，用手势指人、指物或指示方向时，都有规范、礼貌的手势，不可用单指，而应采用掌式。具体做法是：掌心向上，四指并拢，大拇指自然张开，以肘关节为轴，自然指向相应的人、物或方向。指示方向时，上体稍向前倾，面带微笑，视线始终随手的方向移动，并兼顾对方是否会意。

手势动作是极富表现力的，但同一动作在不同的国家和地区可以表示不同的含义，因此在对外交往中不能随意使用。例如，“OK”是西方国家使用颇为广泛的一种手势。它起源于美国，后流行于欧洲国家，是用大拇指和食指构成一个圈，再伸出其他三指，往往表示同意和赞赏对方。但有些国家却运用这一手势表示其他含义，如在缅甸等国表示“金钱”，在印度尼西亚表示“不成功”，在地中海国家常用来表示“同性恋”。

通常手势的使用宜少不宜多，尤其不宜一种手势反复使用，以免使人感到单调生厌。使用任何一种手势时的幅度不宜过大，否则就会显得过分。同时不要下意识地滥用手势，不然会使对方曲解，甚至被认为缺乏教养。

在公共场合遇到不相识的人，不应当指指点点，尤其是不应当在其背后这样做，因为这种动作通常会被理解为对对方评头论足，是非常不友好的。此外根据常规，用带尖的锐器指别人也是不礼貌的。例如，把刀递给别人时，不能用刀尖直指对方而应把刀横着递过去，在餐桌上用刀叉和筷子指着别人让菜也是不礼貌的。

六、鞠躬

鞠躬是人们在生活中，用来表示对别人的恭敬而普遍使用的一种礼节。鞠躬在我国古已有之，它不仅是我国的传统礼节之一，也是其他一些国家的常见礼节。

鞠躬礼一般是下级对上级、旅游服务人员对客人、初次见面的朋友之间以及欢送客人时所行的礼节。行礼时，取立正姿势，避免两腿叉开和向前弯曲，双目注视受礼者微笑，然后上身向前倾斜一定的角度，视线随之自然下垂。男士在鞠躬时，双手放在两侧裤缝处，女士则将双手在身前自然轻搭在一起。

鞠躬的深度视对被问候人的尊敬程度和场合而定。一般问候、打招呼时是 15° 左右，迎客与送客分别行 30° 与 45° 的鞠躬礼，90° 的大鞠躬常用于悔过、谢罪等特殊情况。

在社交场合，受礼者若是平辈，应还以鞠躬礼，长辈和上级欠身、点头即可。

第四节　介绍礼仪

介绍是指从中沟通，使双方建立关系。介绍和被介绍是一种经常采用的社交形式。介绍的作用在于它能缩短人们之间的距离，扩大社交圈子，消除误会。

介绍分为两种：第一种是自我介绍，即把自己介绍给别人；第二种是为他人做介绍。这两种介绍都有一定的礼仪规范。

一、自我介绍的礼节

（一）介绍顺序

在人际交往中，需要做自我介绍时，应由位低者先介绍自己。比如，主人要先向客人做自我介绍。在工作场合，主方要先向客人做自我介绍，下级向上级做自我介绍；社交场合，男士要先向女士做自我介绍，晚辈要先向长辈做自我介绍；等等。

（二）先递名片

介绍之前先递上自己的名片，上面个人信息一目了然，可避免初次见面口头介绍容易造成的遗忘、误听、误解等麻烦，还可加深对方印象，同时也表示一种谦恭。

（三）语言精练

自我介绍应当既简短又准确。应酬式自我介绍往往只有一项内容，即本人姓名。公务式自我介绍的主要内容应包括姓名、单位、部门、职务等，所用时间最好不要超过半分钟，如“您好，我是大三峡国际旅行社的公关部经理张文”。自我介绍有时可以适度幽默，这样显得与众不同，可以给人留下良好而深刻的印象。

（四）介绍单位和部门时要用全称

第一次提到单位和部门名称时，一定要使用全称，因为简称有时会令人误解，产生不好的效果。

二、为他人做介绍的礼节

旅游工作者在接待工作中，为他人做介绍是常有的事。在社交场合，通过接待人员介绍让客人相互认识是一种起码的礼貌。具体在为他人做介绍时，应注意以下几个方面。

（一）礼貌规范示意

在具体介绍时，应有礼貌地平举右手掌示意，并且眼神要随手势看向被介绍的对象。注意不应用手指示意，或手眼不协调显得心不在焉。

（二）由谁当介绍人

人人都有可能需要承担介绍他人的义务，当需要你介绍陌生人相识时，你却置之不理是一种极不礼貌的行为。常常可以见到这样的尴尬场面：某女士和其丈夫共进午餐时遇到自己的女友，两位女性一直亲热聊天、谈笑风生，让男士独坐一旁不予介绍。这是不礼貌的表现。

在日常生活和工作中，不应忽视主动担当介绍人的责任。比如，你是一次聚会的主人，你就应主动为客人相互介绍。

值得注意的是，当需要为贵宾做介绍时，介绍工作应由较高身份的人来担任。

（三）征得双方同意

为他人做介绍时，必须是在对被介绍人双方情况都比较了解的情况下，这是介绍的前提。在绝大多数的社交场合，介绍人为他人做介绍都是深受欢迎的，但也有例外情况，即相遇的双方或一方因某种原因根本没有结识对方的愿望，如果在这种情况下为双方做介绍，会使他们陷入不情愿之中而勉为其难。这样，介绍反而变为失礼，不利于人际交往。因此，介绍人应对双方是否有结识的意愿有实在的把握，若一时把握不准，可以先分别征求一下双方的意见而不可贸然行事。

（四）注意先后顺序

由于位高者有优先知情权，故先被介绍的人应该是位低者。例如：

1）公务场合，先把职位低者介绍给职位高者；

2）社交场合，先把男士介绍给女士，先把晚辈介绍给长辈；

3）主客之间，以客人为尊，故先介绍主人（这种宾主介绍不分男女，不论老幼，也不看职务高低）；

4）当被介绍方不止一人时，应先介绍位高者。

集体介绍一般可采取的方法有以下两种。

一种是将一人介绍给多人。这种方法适合于在重大活动中，对身份高者、年长者和特邀嘉宾的介绍。例如，在某次接团任务中，旅行社经理随同一起接团，接到团队后导游在致欢迎词时，就要将经理介绍给旅行团成员。这一方面是为了尊重经理，另一方面也表明旅行社非常重视这一团队。

另一种是将多人介绍给一人。例如，在酒店进餐时，大堂经理常去给客人敬酒。这时，作为餐厅接待人员，就必须把客人一一介绍给大堂经理。其介绍的基本顺序有两种：一种是按座次顺序进行介绍，另一种是按身份的高低顺序进行介绍。

（五）确保信息正确

作为介绍人，应熟悉并牢记介绍双方的姓名和单位等信息，说错姓名、职务、单位是最大的失礼行为。若是确实想不起来，则可说：“×先生，请您认识一下这位先生，这位先生的尊姓大名——”这时，被介绍者往往会主动报出自己的姓名。当然这是迫不得已的方式，应该尽量避免。

另外要注意的是，介绍他人时要实事求是，不要夸大。夸大其词地吹捧他人，用抬高朋友才能、地位的方法来炫耀自己是介绍的大忌。

（六）平等介绍多位

当被介绍者不止一人时应平等介绍，即介绍的信息应基本对称，不宜介绍一位时长篇大论，而介绍另一位时轻描淡写。

第五节 握手礼仪

握手是世界上最通行的使用范围最广泛的礼节。人们在日常交往中，见面时习惯以握手表示欢迎和相互致意，分别时以握手送别表达惜别之情，当自己受到别人帮助时常常以握手表示谢意，当别人取得成就向其祝贺时往往伴随着握手……可以说，握手贯穿于人际交往的各个环节。握手虽然简单，但握手动作的主动与被动、力量的大小、时间的长短、面部的表情、视线的方向等，往往表现了握手人对对方的不同礼貌和态度。

握手是沟通思想、交流感情、促进友谊的重要方式。友好、文雅而得体的握手，往往蕴含着令人愉悦、信任、接受的契机。因此，在许多场合都不能忽视与别人握手的礼节。

一、握手礼节

（一）伸手顺序

握手时，位高者有主动权，故应由位高者先伸出手来示意握手（位高者不主动先伸出手握手以示个人的情感和意向也是失礼的），位低者不应抢先。

在公务场合，不分男女，只看级别，上级和下级握手时，上级先伸手。

在社交场合，讲究女士优先，故男士和女士握手时，应由女士先伸手；晚辈和长辈握手时，长辈先伸手。

宾主之间的握手具有其特殊性，见面时为体现主人的热情好客，应由主人先伸手；但客人告别的时候，应等客人先伸手，否则有逐客之嫌。

与多人握手时一般有这样两种顺序：第一种顺序是由尊而卑，第二种顺序是由近而远。

一方伸出手后，另一方应尽快回应，慢腾腾地伸出手也是失礼的。当老人或者贵宾伸出手来时，最好能快步上前与之相握，并热情问候与致意。

对方如果伸出手来，千万不要拒绝。不管是谁拒绝与人握手都是很不礼貌的。

（二）微笑注视

微笑注视是一种基本的礼貌，与人握手时不要不苟言笑。目光游离、左顾右盼、心不在焉都是极不礼貌的。

（三）寒暄问候

与人握手时，不要默默无语，而要适度寒暄，如“欢迎光临”“很高兴认识你”“我们又见面了”“您今天气色不错”等，以体现自己的热情。

（四）握住手掌

在工作场合握手，只握指尖是不礼貌的。无论同性或异性，握手时要握住对方的手掌，使虎口相握，以显热情。

（五）手位正确

握手时标准的手位应该是：手掌与地面垂直，手尖稍稍向下，注意四指并拢，拇指适度张开。掌心向上不规范，掌心向下是傲慢的表现。

（六）持续时间

握住的手要上下晃动，持续 3～5 秒钟。不要抓住对方的手使劲摆动或半天不放。初次见面或异性之间一般避免双手相握，除非是故友重逢、认真慰问或热情祝贺。

（七）力度适当

握手要稍微用点力度，以示热情、友善，但不能用力过猛，以免显得粗鲁。

二、握手禁忌

（一）弄错顺序

握手时，一定特别注意伸手的顺序，弄错顺序不仅不礼貌，而且会很尴尬。不过，对于位低者不小心先伸出的手，位高者也应积极回应，方显大度。

（二）忌用左手

国际礼仪讲究以右为上，故握手只用右手，一般不用左手，除非没有右手。即使是左撇子，也要伸出右手去握。在印度和中东的一些国家，左手被认为是不洁的，只能用于洗澡和上洗手间。与这些国家的朋友交往，切记不要用左手接触对方，也不要用左手为之传递物品，更不要用左手与人握手，否则是极其失礼的。

（三）忌戴手套

握手时注意要脱下手套、墨镜、帽子等物件，这是对人的一种尊重。如果来不及脱手套，也应向对方说明原因并表示歉意。根据国际惯例，只有女士在社交场合佩戴的装饰性薄纱手套和帽子在握手时可以不摘。

（四）忌交叉相握

握手一般是一对一的礼节行为，不宜同时与两人握手。当两人正握手时，去与正在握手的人握手也是失礼的。

在欧美基督教国家，“十”字形有特殊含义，所以欧美人对于刀叉放成“十”字形、交叉干杯、交叉握手都是非常忌讳的。

除了以上注意事项以外，还要注意：握手时即使在伸手可及的范围内，身子也要向前微倾以示尊敬；当对方伸出手来时，如果相距较远，一定要走上前去相握；有时为了表示更大的敬意，握手时还可以微微点头、鞠躬；握手时，另一只手不要手拿私人物品不放或插在衣袋里；握手后不要马上擦拭自己的双手；不应坐着与人握手，除非是年老体弱或者残疾人；不要拒绝与他人握手；等等。

第六节 名片礼仪

我国是名片的故乡，早在西汉时期名片就已广为流行了。名片的名称屡有变化，样式也各有不同：西汉时没有纸，只能削竹、木为片，当时称为“谒”；东汉时改叫“刺”；六朝时叫“名”；唐朝时称为“月勃”；宋朝时称为“门状”；明朝时叫“名帖”；清朝时称“名刺”；现在则普遍叫“名片”。

在现代社会，名片已经是司空见惯之物了，它是一种常用的沟通工具，是现代人的自我介绍信，是社交场合的联谊卡。除此之外，名片还可用来作为简单的礼节性通信往来，表示祝贺、感谢、介绍、辞行、吊唁等。

对于名片的设计和使用，需遵循一定的礼节规范。

一、名片设计规范

名片代表个人形象，应注意其设计规范。

（一）材料

旅游工作者的名片注重实用功能，材料上选择耐折、耐磨的常规纸材即可，要避免使用金、银、钢、石、木、皮等特殊材料，以免造成误解。

（二）规格

规格即名片的尺寸。国内现在通行的名片规格是 9.0 厘米 ×5.4 厘米的长方形，所以一般的名片盒、名片夹都是这种规格，除非身份特殊，一般不用异形名片。

（三）色彩

名片应赏心悦目，可以选本白、浅灰、浅蓝、淡黄等色，一般不用复杂色、朦胧色、过渡色、中间色或过分鲜艳的颜色。

（四）图案

名片上不要多印图案，一般只印两种图案：一种是公司的标识，另一种是公司的主要产品效果图，作为宣传材料使用。

（五）字体

名片上最好使用规范的印刷体，不要用大篆、甲骨文之类一般人不认识的字体。汉字要用标准的简化字，除非是与海外华人打交道，才需使用繁体字。

如印外文，则最好外文一面，中文一面。

（六）内容

名片内容根据名片类型的不同而不同，一般分为社交名片和公务名片。

社交名片即交际名片。名片上一般就“姓名”一项内容，有时还可在这种名片上印籍贯。

公务名片一般有三项内容：

1）归属，包括单位的全称、所在的部门、单位的可识别图案和标志；

2）称谓，包括姓名、行政职务、技术职称或学术头衔等，兼职较多者，所有职务分行列出，或印制多个版本的名片；

3）联络方式，包括邮政编码、通信地址、电话、传真、电子信箱等。

除常规内容外，名片也可加些个性化内容，如加上一页小封面，上面印上个人简易头像，这种名片会令人过目不忘。

名片的背面可空白，亦可根据需要印上某种外文，其内容与正面各项内容相同。

国内名片一般都用横式排版，繁体字名片、日文名片、有些少数民族文字名片可以用竖排的方式。

二、名片交换礼节

（一）递送名片

要有目的地使用和递送名片，切忌传单式发放，以免给人一种极不爱惜自己名片的感觉。

1．提前备好

先将名片准备好，放在上衣的口袋里，以备不时之需。应避免这种情况：事先没有准备好名片，需要递送时上上下下各个口袋乱摸。这种情况会留给对方极坏的印象。

2．谁先递送

交换名片存在一个何人为先的问题。由于位高者有优先知情权，一般的做法是位低者宜先向位高者递送自己的名片。

3．先递给谁

同时与多人交换名片时，应按照由尊而卑、由近而远的顺序，中间不要跳过人，以免失礼。

4．起立走近

递送名片时，应站起来走近对方，不要拿着名片等别人过来接。

5．正位双手

递送名片时，应将名片文字的正方向朝着对方，以方便对方接后阅读。与国人打交道，递接名片宜用双手；与外国人打交道，可先留意对方是用单手还是双手递送名片，然后按他的方式向他递送名片。

6．谦恭之语

递送名片的同时说“敬请指教”“多多关照”或是“希望今后保持联络”之类寒暄语，不可一言不发。

（二）接受名片

许多人不太重视接名片，对方递名片时，他却忙着拿烟倒水。对方递过名片来，他匆匆看过一眼后，就把它往桌上一扔，或随手往口袋里一塞，然后又忙着接待对方。这样虽然对对方很热情，但对方看到他这样对待自己的名片，心里肯定不是滋味。

接受他人的名片，应当恭恭敬敬地双手接过，同时眼睛友好地注视对方道谢，使对方感受到你对他的尊重。除此以外，还要强调下面几点。

1．回敬对方

“来而不往非礼也”，使用名片讲究礼尚往来，接受他人的名片后，出于礼貌，最好以自己的名片回敬对方。倘若自己暂时没有名片进行交换或不想与之进行交换时，要注意说法。不宜说“我们公司小，都没印名片”“我们单位印不起名片”或“我没有职务”等。这样说有损自己单位的形象，同时也贬低了自己，所以不可取。合乎惯例的礼貌说法是：“很抱歉，我的名片刚刚用完了”或“对不起，我今天忘了带名片”。

2．认真阅读

接过别人当面递上的名片，最忌讳看也不看，顺手一塞或是乱丢。交给他人观看亦为不当，更不要在手中玩弄。表示谢意后，一定要认真阅读，以示尊重。有看不明白的地方，可以请教。有时，可以有意识地重复一下名片上所列姓名、职务等，以表仰慕。

3．妥善放置

名片最好放在名片夹里或上衣口袋里，应避免把名片放在臀部后面的口袋内。把名片放在钱包里的做法是很不雅观而且失礼的，应当避免。

如需把接受的名片暂时放在桌上，不要在上面压其他的东西，否则会被对方认为是一种不恭。

在交谈结束后，还可把对对方的了解，比如他的爱好、特长等记在名片上，待下次与他见面时，不但能一下子说出他的名字，还能随口以他的爱好、特长为话题，这样对方必然会感到意外和高兴。

需要注意的是，不可逢人便索要对方的名片，如果介绍人仅仅出于礼貌给双方做简单的介绍，双方均无深交之意，那么相互点头致意或握手问好即可，交换名片是不必要的。过分热衷于名片的交换反而失礼，会给人留下不好的印象。

第七节　电话礼仪

电话是现代社会人际交往中最重要、使用最频繁的通信工具。使用电话是旅游工作者同外界交换信息、保持联络的一种最常规的手段。

一个人打电话时的态度、表情、举止、语言、内容、声调、频率、选择的通话时间、交谈时的应对分寸以及时间的把握等，总体构成一个人的电话形象。每个人都有自己的电话形象，它是个人形象的重要组成部分，直接影响着其所在单位的形象，所以电话礼仪就显得格外重要。

一、接听电话的礼节

（一）及时接听

接听电话时，把握“铃响不过三声”的原则，宜在铃声响过两声时，立即拿起话筒。通常不宜铃声才响一声就立即拿起话筒，免得过分唐突。当然，也并不是要让铃声响得次数越多越好。尤其是不要有意让它响两三分钟以后才去接电话，不然就会使对方产生反感。倘若因故让铃声响过多次没接电话，则在通话时宜向对方说明原因并表示歉意。

（二）语言规范

在通电话时，不管是发话人还是受话人，都应面带微笑、吐字清晰、声调平和、语言文明。在正式的公务交往中接电话时，拿起话筒所讲的第一句话也有一定之规，通常有以下三种方式。

1）问候语+单位、部门名称+个人姓名，此种方式最为正式。例如，“您好！××酒店人事部×××，请讲”。

2）问候语+单位、部门名称或问候语+部门名称，此种方式适用于一般场合。例如，“您好！×××旅行社公关部，请讲”，或者“您好！公关部，请讲”。后一种方式主要适用于由总机接转的电话。

3）问候语+本人姓名，此种方式仅适用于普通的人际交往。例如，“您好！（我是）×××，请讲”。

需要注意的是，在公务交往中不允许接电话时以“喂”或“你找谁啊”作为见面礼。特别是不允许一开口就毫不客气地查问对方“你是谁”“有什么事呀”等，这些都是非常不礼貌的。

另外，旅游行业的电话总机应接员，语言应该是清晰和亲切的，必须坚持用“您好”开头，“请”字在中间，“谢谢”结尾，必须语气适中且语调稍高些，才会使人感到亲切和自然。如果语调过高、语气过重，会使对方感到尖刻、严厉、生硬、冷淡；刚而不柔、语气太轻、语调太低，会使对方感到无精打采、有气无力；语调过长，会显得懒散拖沓；语调过短，又显得不负责任。同时，注意使用一些专门化的用语，比如说“占线，请稍等”，而不说“占线，等一下”；说“对不起，线路紧张”，而不说“少讲一点”。

（三）专心致志

在一般情况下，通电话时均须暂时放下手头的一切工作，端坐或端立，然后拿起话筒，面带笑容地与人通话。

通话期间，抱着电话机四处走动边走边谈，或仰在座椅上、歪在沙发里、斜靠或是趴在办公桌上，都是不适宜的姿态，容易影响通话效果。除了利用必要的参考资料和做记录之外，不可三心二意地去做其他任何事情。不能同时接两个电话，不能一边接电话，一边看报纸、看电视、吃东西、喝饮料、看文件或是做其他与之无关之事，这样既影响通话效果，又让对方感到自己不受尊重，是很不礼貌的。

通电话时，要注意自己的态度与表情。虽然通话的双方可能未曾谋面，在接电话时的态度与表情互相也看不到，但实际上，双方在通话过程中是可以感受到对方的诚意和态度的。通话时要面含微笑，如果坚持这样做，既可以有效地调控自己的情绪，又可以“带动”自己的声音、语调，使之和蔼可亲。

在办公室里，往往会有替别人接电话的情况。代接电话也要态度积极、待人如己。在接这样的电话时，不要简单地以“是”或“不是”来回答，最好是用便条记录下来电的时间、对方是谁、找什么人、有什么事，特别要注意正确记载相关数据并留下对方电话，事后将便条转给当事人。

（四）尊者先挂

通话结束后，应由位高者先挂断电话，位低者不宜抢先挂断电话，否则是失礼的。例如，在公务场合男女平等，挂电话的顺序看级别，论宾主：员工与上司通话后，上司先挂断电话，这是下级尊重上级的一种可操作的表示；与客户通话后，应等客户先挂断电话。在社交场合则可遵守女士优先、长者优先的规则。

当通话双方身份基本相当时，一般的做法是主叫先挂，如果被叫抢先挂断电话会让主叫产生自己不受欢迎的想法。但是，当主叫有求于人时，应等对方挂断后，自己再放下电话。

挂电话时，要轻轻放下话筒，避免用力挂断而使对方不快。

二、拨打电话的礼节

（一）看准再拨

拨错了电话号码勿忘向被打搅的对方认真道歉，不可一言不发地挂断电话。

接到拨错号码打进来的电话时，不要责怪对方，应耐心而礼貌地告诉对方自己的电话号码是什么或者本人是谁。随后，还可以语气温和地询问对方：“请问需不需要我帮忙？”如有可能，不妨告诉对方要拨的正确号码或代为查询一下，这样帮助对方一次，对于维护单位形象是大为有益的。

（二）及时回拨

在通话过程中，如果电话中断了，依照惯例，应由发话人立即再拨打一次。受话人不宜立刻去做其他事情，而须稍候片刻，待电话再次打通后，发话人应向受话人解释电话中断原因。

在电话再次接通后，至少应当等铃声响过六遍或是一分钟左右的时间，确信对方无人接听后，方可将电话挂断。一拨再拨是没有教养的表现。

（三）择时通话

选择适当的通话时间，首先要注意公私分明，因公通话不要在下班后打，因私通话不要在上班时间打。其次，还要考虑以下两个方面。

1．休息时间不打扰

1）早上八点以前（假日九点以前），晚上八点以后，尽量不要打电话；

2）就餐时间不要打电话；

3）午睡时间不要打电话；

4）周末、节假日尽量不要打电话；

5）与国外通话还要注意时差；

6）非特殊需要，尤其不要在半夜或拂晓打电话，以免引起对方的反感。

2．考虑通话效果

每天早上刚上班后的一个小时，没有重大事情尽量不要打电话。同样的道理，一般下午下班前一个小时也不要打，尤其是星期五。

选择合适的通话时间容易形成良性互动，获得更好的通话效果。

（四）限时通话

在正常的情况下，一次打电话的全部时间应遵循“通话三分钟原则”，以免耽误双方的时间。除非有重要问题必须字斟句酌地反复解释、强调，一般在通话时都要有意识地简化内容，使之尽量简明扼要。

（五）把握要点

训练有素的旅游工作者，打电话前应理清思路，拟好谈话要点和顺序，在可能的情况下，准备一个通话提纲，切忌因表达含混不清、语无伦次而耽误时间、影响工作。

三、使用手机的礼节

旅游工作者在日常交往中使用手机时，应遵守以下几个方面的礼仪规范。

（一）放置到位

手机不是时装道具，在正式场合，最好不要在会客时摆在桌上，走路时拿在手里，挂在胸前或者别在腰间。外出时，最好将手机放在公文包里。

（二）遵守公德

在公共场所活动时，尽量不要使用手机，应将其铃声调为振动或静音状态。需要与他人通话时，应至无人之处或降低音调，切勿当众自说自话，影响他人。在参加宴会、舞会、音乐会，前往影院、图书馆，或是参观各类展览时，尤其要切记此点。

另外，要注意公共安全。按照常规，在驾驶车辆时，不宜使用手机通话；乘坐飞机时，必须自觉关闭手机，以免电子信号干扰飞机的导航系统。否则，极有可能导致交通事故。在加油站或是在医院，最好也不要使用手机，因为在那里使用手机可能造成严重事故或影响医疗设备的正常使用。

此外，在一切标有文字或图示禁用手机的地方，均须遵守规定。

（三）注重隐私

手机的便利之处在于能随时方便地使用，但同时手机只要开机，机主就能被定位。而且手机所传递的信息也是不太安全的，通话的内容可以用技术手段了解到。当通话内容涉及国家秘密、商业秘密、行业秘密或个人隐私时，应特别引起注意，此时尽量不要使用手机。

另外，一般而言，他人的电话号码，尤其是手机号码，不宜随意告诉第三者。因此，不应当随便打探他人的手机号码，更不能不负责任地在没到得到其本人许可的情况下，将他人的手机号码转告给第三者。

出于隐私保护方面的考虑，通常不宜随意将自己的手机借给他人使用或是在不正规的维修点检修。考虑到相同的原因，随意借用他人的手机也是不适宜的。

（四）对等回复

随着科技的发展，各种社交软件大量出现，人们以手机为载体的交流渠道和平台越来越多样化。在接收到对方的信息后，以相同的方式回复会更为礼貌、得体。例如，收到未接来电则回拨以电话，收到短信则回以短信，收到 QQ 信息、微信等也最好以相同的方式回复为佳。

（五）慎用功能

手机，尤其是智能手机功能较多，如拍照、录像、录音等，对这些功能不可随意使用，以免侵犯他人隐私或扰乱治安。

第八节　礼 品 礼 仪

礼品，泛指在人际交往中为了表示对交往对象的尊重、友好与敬意而特意相赠的物品。

在现代社会中，礼品是非常常见的人际交往媒介。俗话说“千里送鹅毛，礼轻情意重”，有时候礼品本身并不贵重，却深深表达了送礼人的心意，使受礼人为之感动。自古以来，人们就用赠礼的方式来表达祝贺、敬意、友谊、爱情、感谢、慰问以及哀悼等，它是语言文字表达情谊的一种辅助，是相互交往的一种礼节。

在国际交往中，相互馈赠也是一种表示友好和敬意的重要方式，有利于促进友好关系的发展。至于有的人借赠送或收受礼物来进行敲诈、勒索、贿赂等，则是对这一方式的不正当运用，应当坚决加以反对和禁止。

一、选择礼品的原则

（一）宣传性

除了用礼品来表达情感，还可发挥其宣传和推介的作用，宣传和推介企业的形象以及产品、技术和服务，如企业的标志性产品和高新技术产品等。

（二）纪念性

富有纪念性的礼品，能让受礼者在若干年后仍会想起送礼之人或送礼单位。有的单位在接待客人时，常常把客人来访期间的活动照片精选、汇集成册，在送别时作为礼品送给对方。赠送这种礼品既表达了对客人的友好与尊重又富有纪念意义，是很受欢迎的做法。

（三）针对性

礼品的选择要针对不同的受礼对象区别对待，因人、因事、因地送礼是馈赠礼仪的要求。一般说来，对家贫者以实惠为佳，对富裕者以精巧为佳，对朋友以趣味为佳，对老人以实用为佳，对孩子以启智为佳，对外宾以特色为佳。

（四）独特性

一件与众不同的独特礼品会令受礼者爱不释手，并对送礼者的心意充满感激之情。例如，以独具中国特色的瓷器、织锦、唐装、书画、茶叶或具有民族特色的手工艺品以及一些应时的土特产品等赠送外宾，必是十分受欢迎的。

（五）便携性

易送易存、方便携带的礼品，不论是对送礼者还是受礼者，都是十分方便有利的。

二、不宜赠送的礼品

（一）现金和有价证券

在世界各国，都不允许把现金、有价证券以及价格昂贵之物送给并无私交的工作人员。送对方现金和有价证券有行贿嫌疑，于己于人都不利，是一定要避免的。

（二）药品、补品

身体健康状况也属个人隐私，故而与之相关的药品、补品等均不宜当作礼品送人。

（三）带有明显的广告标志的物品

礼品可以具有宣传功能，但公关礼品应避免出现过于明显的广告标志，字样、图案不能太大，在外包装盒上印上送礼单位的名称是可以的。

（四）有违社会公德的物品

有违社会公德的物品如盗版光盘、违禁书籍、赌博用具等，不宜拿来当礼品送人。

（五）有违对方禁忌的物品

由于民族、生活习惯、生活经历、宗教信仰以及性格爱好的差异，不同人对同一礼品的态度是不同的，如喜爱、忌讳或厌恶等，这里尤其要强调避其禁忌。禁忌是一种民族的精神心理倾向，馈赠前一定要了解受礼者的禁忌。

例如，中国人普遍有好事成双的说法，因而凡是喜庆之事，所送之礼均好双忌单。但一般人都忌讳“4”这个偶数，因为其发音不吉利。又如，白色虽有纯洁无瑕之意，但中国人比较忌讳，因为在中国白色常是悲哀之色和贫穷之色。同样，黑色也被视为不吉利，是凶灾之色和哀丧之色。而红色则是喜庆、祥和、欢庆的象征，受到人们的普遍喜爱。另外，我国人民还常常讲究给老人不能送钟，给新婚夫妻不能送梨、送伞，因为“钟”与“终”、“梨”与“离”、“伞”与“散”谐音，是不吉利的。再如，向一位刚刚中年丧妻的男士赠送情侣帽、情侣眼镜，必定会令其悲从中来；而把一瓶茅台酒送给一位滴酒不沾的长辈，也绝不会受到欢迎。这些都是属于触犯了个人禁忌的情况。其他国家、民族也有很多讲究。在西方，由于宗教文化的原因，赠送礼品的具体数目绝不可以是“13”。

三、赠送礼品礼节

（一）重视包装

正式赠人的任何礼品，事先都要进行精心的包装。精美的包装不仅意味着郑重其事，还令礼品的外观更具艺术性和高雅情调，显现出赠礼人的文化艺术品位，使礼品产生和保持一种神秘感。这既有利于交往，又能引起受礼人的探究兴趣及好奇心理，从而令双方愉快。送给国际友人的礼品，尤其要对此注意。反之，好的礼品若不讲究包装，不仅会使礼品逊色，使其内在价值大打折扣，而且还易使受礼人轻视礼品，而无谓地贬损礼品所寄托的情谊。

中国人通常对礼品的包装是不大讲究的，一般宁可盒子小些，也不希望盒子大而装不满。日本人特别讲究礼品的包装，礼品包装不合适会被认为失礼。在美国以及其他有些国家，人们习惯用彩纸包装盒，用丝带包装，有时还习惯附上一张名片。

（二）赠送方式

礼品的赠送应当采取适当的方式。在选择好礼品之后，馈赠礼品的行为还仅仅是开始。只有在以适当的方式把礼品赠送出去，并使之为受赠对象所接纳之后，馈赠才可以说是大功告成。从某种意义上来讲，采取适当的方式把礼品赠送出去，在馈赠的整个过程中要比礼品的选择重要得多。

直接赠送是指送礼者亲自将礼品当面交给受礼者。间接赠送是指委托他人送交或通过邮寄、快递等方式送交受礼者。选择什么样的方式来送，应根据具体的情况来定。

一般来说直接赠送是赠送礼品的最好方式，中国人送礼、还礼，一般都是直接面交，以示对受礼者的敬重。一般客人，由工作人员去送礼品就可以了；重要客人，则应由位高者亲自出面赠送。

随着社会生活节奏的加快，赠送礼品的其他方式也变得重要起来，如托人送、邮寄、快递等。在许多发达国家，礼品服务业很兴旺，礼品公司提供一条龙服务，只要一个电话，公司就能按要求把礼品送到受礼人手中。

（三）送礼地点

赠送礼品时，具体的地点值得推敲。若是赠送礼品时没有选对地点，则会使馈赠的作用大受影响。例如，专程前往交往对象的工作单位，有意在大庭广众之前向其赠送私人礼品，就非常容易让受赠对象感到为难。因为这很可能让他解释不清，弄不好还会有索贿、受贿之嫌。把因公相赠的礼品拿到受赠对象家里去赠送，有时也会使人觉得公私难分，进退两难。

选择赠送礼品的具体地点，通常都应当遵守这个原则：应当将公务交往与私人交往中赠送的礼品区别对待。在公务交往中所赠的礼品，应当在工作地点或交往地点赠送；而在私人交往中所赠的礼品，则应当在私下赠送，其中最好的一个选择，就是受礼对象本人的家里。

四、接受礼品的礼节

在接受礼品时，应表现得从容大方，友善有礼。若在此刻手足无措或是忸怩作态，都属于失仪之举。既要表现出感谢之意，又不能过分地显现出喜出望外，尤其是不宜使自己的表情发生由冷而热的骤变。应有的态度应当是起身站立，面向对方，神态自然，面带微笑。

当他人把礼品递交过来时，应以双手相接，然后抽出右手来与对方相握为礼，并且说一句必不可少的“谢谢”。在一般情况下，在他人递交礼品时，不宜拒不以手相接，推来推去，或是直接要求对方“把它拿回去”。假若推辞了半天，最终还是接受了礼品，那么此前的一切做法，都只能被理解为是在演戏。

接受礼品后，视具体情况拆看，或只看外包装，并当着赠送者的面对其加以称道，这是接受礼品的惯例之一。外国客人赠送的礼物，应该当面打开看一看，表示喜欢和欣赏，不看会有怠慢嫌疑。有时还可请赠礼人介绍礼品功能、特性、使用方法等，以示对礼品的喜爱和接受。在此之后，应将受赠之物放在适宜之处，不要乱扔、乱放。对受赠的鲜花，应捧在胸前稍嗅其香或者装瓶摆放，不能将其倒拎，更不能转送他人。

有时，受赠的礼品不宜接受，而必须予以拒绝时，一定要充分而认真地解释理由，但别恶语相加，以免使对方误会或难堪。通常拒收礼品应当在受赠礼品的当场进行，尽量不要事后退还。在拒收礼品时，是要感谢对方的好意，二是要说明白自己按规定难以接受对方所赠之物。这两个要点缺一不可。

第九节　送花礼仪

无论古今中外，鲜花都受到各界人士的赞颂和喜爱。正式活动中向贵宾赠送鲜花是必不可少的礼节，日常应酬以鲜花赠人也是一种时尚。

在人际交往中，人们普遍认为馈赠鲜花最有品位和境界，因此学习、掌握送花的礼仪很有必要。

一、花的寓意

花的寓意也可称为“花语”，是指人们借用花卉来表达人类某种情感、愿望或象征语言。在长期的生活中，鲜花被赋予了种种美好的寓意，形成了成千上万个花语。常见的一些花语如下。

玫瑰——爱情
红玫瑰——热恋
粉玫瑰——永远的爱
白玫瑰——纯纯的爱
黄玫瑰——失恋
郁金香——爱的告白
红郁金香——求爱
紫郁金香——最爱
白郁金香——纯洁的友谊
黄郁金香——高贵
粉郁金香——热爱
康乃馨——神圣伟大的母爱
粉康乃馨——祝母亲永远美丽
黄康乃馨——对母亲的感谢
白康乃馨——纯洁
百合——顺利、心想事成、祝福
白百合——纯洁、庄严、心心相印
葵百合——胜利、荣誉、富贵
姬百合——财富、高雅
香水百合——纯洁、富贵、婚礼的祝福
菊花——清静、高雅、真爱
非洲菊——神秘、兴奋、有毅力
波斯菊——永远快乐
牡丹——富贵
火鹤花——祝福、幸运、快乐
风信子——喜悦、爱意、浓情蜜意
小苍兰——纯洁、幸福、清新舒畅
海芋——希望、雄壮之美
剑兰——用心、长寿、福禄、康宁
向日葵——爱慕、光辉、忠诚
大丽花——华丽、优雅
薰衣草——等待爱情
天竺葵——爱情愉快
四叶草——爱和幸运
铃兰——把握幸福
蒲公英——再次重逢前的分离
龙胆花——喜欢看忧伤时的你
莲花——信仰
樱花——纯洁
紫丁香——羞怯
金盏花——离别、迷恋
文心兰——隐藏的爱
杏花——少女的慕情
红掌——大展宏图
茉莉花——你属于我
矮牵牛——有你我就觉得温馨
忍冬花——全心全意把爱奉献给你
紫罗兰——永恒之美
薄荷——再爱我一次
水仙——自恋、尊敬
石竹——纯洁的爱
白山茶——真情
太阳花——神秘
蝴蝶兰——幸福逐渐到来
绣球花——希望
月桂——骄傲
雏菊——活力
常春藤——感化
含羞草——害羞
星辰花——永不变心
桃花——爱情的俘虏
满天星——真心喜欢

二、送花的礼节

（一）送花的形式

送花，一般情况要赠送鲜花，尽量不要用干花、纸花、塑料花或者是萎蔫凋零的花送人。赠送鲜花形式上多种多样。比如，可以送花篮、盆花、襟花、花束、插花和花环等。

1．花篮

花篮由色彩鲜艳的花朵组成，适用于庆祝开业、开幕、演出成功以及祝寿等场合。

2．盆花

品种名贵的盆植花卉是人人喜爱的礼物。它可以送给长辈或以此祝贺朋友迁居等。

3．襟花

它通常是男士送给女友的小礼物，在某些喜庆的场合，男士也可以在上衣的左胸之前别一朵鲜花。襟花最好与所穿的衣服颜色协调。

4．花束

花束可选择寓意不同的鲜花组合而成，外加包装纸和丝带。花束一般用于探望亲友、祝贺新婚、祝贺成功或看望病人。

上述几种形式中，赠送花束是人们最习以为常的。它通常由玫瑰、剑兰、菖蒲、红色康乃馨四大花种组成。

把鲜花做成花圈送给死者，在缅怀、悼念死者的场合中使用，也是很普遍的。

（二）送花的技巧

送花一定要讲究技巧，合乎礼仪，要注意根据花的不同寓意来送给不同的对象，并注意赠送时的礼节。

看望长辈，拜访尊敬的名人，可送兰花。兰花在花草中为风雅之首，它品质高洁，花开幽香清远，被人们推崇为“天下第一香”，还有“正人君子”之称。还可送水仙花，祝愿长者吉祥如意。

看望父母，可以买几枝代表健康的唐菖蒲，送给母亲最适宜的花是康乃馨。

朋友远行，出国学习，可以送芍药花，表示依依惜别之情。

恋人相会时，可送玫瑰花表示爱情，送蔷薇花表示热恋，送丁香花表示对爱情的坚贞不渝。

参加婚礼或者看望新婚夫妻时，送海棠花表示祝新婚快乐，送并蒂莲祝愿夫妻恩爱、白头偕老，送月季花表示甜蜜爱情永不衰。

给病人送花有很多讲究。探望病人时不要送整盆的花，以免病人误会为久病成根；香味很浓的花对手术病人不利，易引起咳嗽，颜色太浓艳的花，会刺激病人的神经，激发烦躁情绪；山茶花容易落蕾，被认为不吉利。看望病人宜送兰花、水仙、马蹄莲等，或选用病人平时喜欢的品种，有利病人怡情养性，早日康复。

探亲访友时，应在其家门外取下花束的包装纸，也可提前解开丝带，献花时再将包装纸取下来。如果是夫妇一同去做客，应由男方负责把花束献给女主人，献花时要双手捧上。女主人接过鲜花后，应当表示感谢和喜爱之意。最好马上闻一闻花香，然后把花束插在专用的花瓶内，并把花瓶摆在送花者可以看到的显眼位置。千万不要一言不发，一只手随便地接过花束，马上就扔在角落里，让客人觉得你对此礼物不屑一顾，而感到非常难堪。

观众给崇拜的演员或音乐家送花束或花篮时，可以附上自己的名片，并写上祝贺的词句。

三、送花的禁忌

由于同一种鲜花，在不同的国家、不同的民族，往往被赋予不同的寓意，所以在送花时，必须要了解交往对象的风俗习惯和花的不同寓意，避免出现笑话，甚至更严重的后果。以下从花的品种、色彩、数量三个方面谈谈送花的禁忌。

（一）花的品种禁忌

同一品种的鲜花，在不同国家和地区寓意不同，甚至相反。

中国人喜欢荷花，因为其“出淤泥而不染，濯清涟而不妖”，但日本人忌荷花，认为荷花同死亡相连，所以不要给日本人送荷花。

中国人喜欢菊花，北京每年秋季还要举办菊花展，菊花象征长寿。日本人将 16 瓣菊花作为皇室的标志，不可随便送人。但是菊花绝不能送给西方人。在西方不少国家，菊花寓意死亡，只能在丧葬活动中使用。如今，国内的葬礼上也多用菊花，因此也要多加注意，以免触犯对方禁忌。

在一些西方国家的人士眼里，石竹花有招致不幸的意思，百合花和大丽花也只能在丧礼上用，平时是不能送人的。

在西方国家，到别人家里做客一般会给女主人送一束鲜花，但送红玫瑰是恋人和情人的专利，把红玫瑰送给女主人是会令人难堪的。

（二）花的色彩禁忌

鲜花的颜色万紫千红，艳丽多彩，让人喜爱。但是不同的国家和民族对鲜花的色彩却有不同的理解。

中国人喜欢红色，根据中国的传统民俗，认为红色大吉大利。新人结婚时，也是大红喜字、红色的衣服、红色的鲜花和环境布置。而在西方人眼里，白色的鲜花象征着纯洁无瑕，新人的衣裙也是白色的。但是在老一代中国人眼里，送给新人白色的花象征着不吉利。

在西方国家，送黄色的花意味着变节、不忠诚或者分道扬镳，纯红色的花送人则意味着向对方求爱。所以西方人送花时，一般以多种颜色的鲜花组成一束赠送，很少送清一色黄色和红色的花。另外，送花给住院的病人，切忌送红白相间的花，在西方这被看成病房中将有人死亡的征兆。

（三）花的数量禁忌

送花的数量，在不同的国家和民族也有不同的讲究。比如，在中国，参加喜庆活动往往要送双数，意味着好事成双；而在丧葬仪式上则应送单数，以免祸不单行。

在西方国家，送人鲜花要送单数。西方人认为自然的美是不对称的，花是自然的一部分，所以送花 1、3、5、7 枝都可以，单数是吉利的象征，只有 13 才是不吉利的。

在日本、韩国、朝鲜和中国南方的一些地区，由于发音或其他原因，认为“4”不吉利，送鲜花时数目不能是 4 枝。日本还忌讳送花数目为“9”，因为“9”与“苦”同音。也不能送日本人 16 瓣的菊花，因为这是日本皇室专用的花。

第十节　位次礼仪

位次的问题在日常生活和工作中无所不在。位次包括静态和动态两种情况。其中座次是一种静态的位次，而动态的情况，如引导行进、出入电梯、上下楼梯、进入房间、起座落座，都存在位次先后的问题。

一、礼宾次序

礼宾次序是指在接待工作中，对于应邀而至的国家、团体或个人的先后顺序，所进行的合乎礼仪的排列。

约定俗成的礼宾次序一般有下面几种。

（一）按照来宾职务高低

在接待多个代表团时，可以按照各代表团团长职务高低的顺序，来排列各代表团的礼宾序列。在官方活动中，多采用此种排列方法。

（二）按照参加单位名称拉丁字母先后顺序

即按照参加单位名称的拉丁字母先后顺序进行排列。在国际组织进行活动或者举行国际会议时，大多采用这种排列方法。在举办国际体育比赛时，基本上也是这样做的。

（三）按照报名的先后

在多边性交往中，尤其是在各方的身份、规格不相上下时，可采用这种排列方法。

（四）按照报到的先后

这是要按照有关各方正式抵达活动地点的时间先后顺序进行排列。该排列方法就是人们所常说的“先来后到”。在一些非正式的涉外活动中，可采用此种排列方法。

（五）不排先后

不排先后即不进行明显的尊卑顺序的排列。在难以排列礼宾序列时，索性干脆不进行排列，也是一种行之有效的方法。国际上通行的“圆桌会议”所借鉴的实际上就是这种方法。

在大规模的活动中，依照约定俗成的礼宾序列办事，既公平、省事又不易招致非议。

二、位次排列原则

（一）内外有别

位次排列是公关活动、对外交往中用的，是正式场合用的，熟人、好友之间一般不用。

（二）中外有别

若为非实质性见面和礼节性见面，要并排就座，表示平起平坐，缩短距离，关系友善。并排就座时，在中国是以左为上，左高右低。但国际惯例正好相反，讲究以右为上。这里的左和右指的是当事人之间的左和右，跟外人看过去的方向不同。

对面就座在实质性交谈，如谈判等场合采用。

（三）外外有别

“十里不同风，百里不同俗。”不同国家、不同民族，位次排列也有不同的做法。在阿拉伯国家，家里来了客人，女性是不能入席的，即使女主人也不行，就更不用说她们的座次了。

（四）场合有别

不同场合，不同情况，位次的讲究也不一样，这一点一定要注意，不要以不变应万变。例如，出于对客人的尊重，主宾一起步行上楼梯时，一般客人在前；而下楼梯时，应由主人在前。

三、座次排列规则

（一）面门为上

即面对房间正门的位置是上座。原因在于，面对房门的位置，不仅视野更为开阔，而且受到的外界干扰也相对较少。

（二）居中为上

即中间的位置高于两侧。

（三）前排为上

例如，主席台上的座位有两排，则以前排为上；观众席也是一样的情况，以前排为上。

（四）以右为上

商务礼仪、公关礼仪一般都遵守国际惯例，不讲中国传统。以左为上的礼仪只在国内政务交往中使用。

（五）以远为上

即离门越远位置越高，离门近的是下座。道理很简单：离门近的人受到的干扰多。

图 3-5 和图 3-6 分别是会议室里的位次排列和主席台上的位次排列。

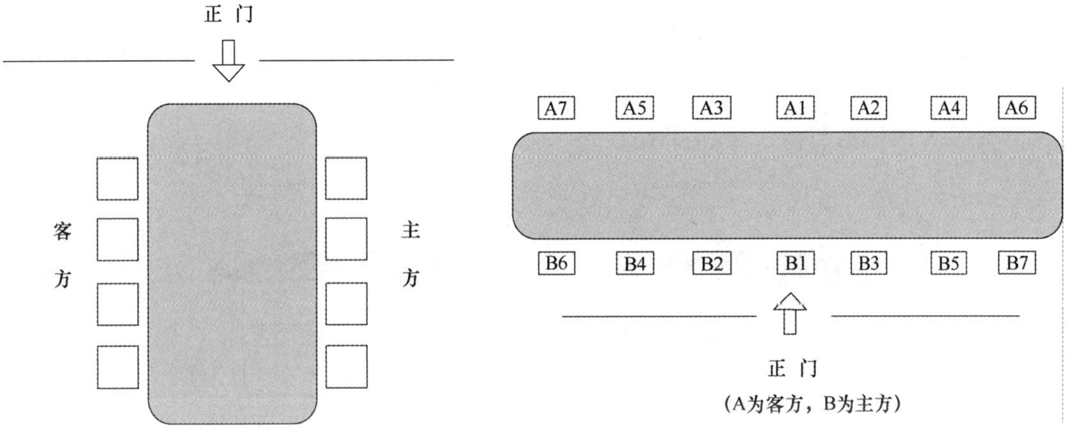

图 3-5　会议室里的位次排列

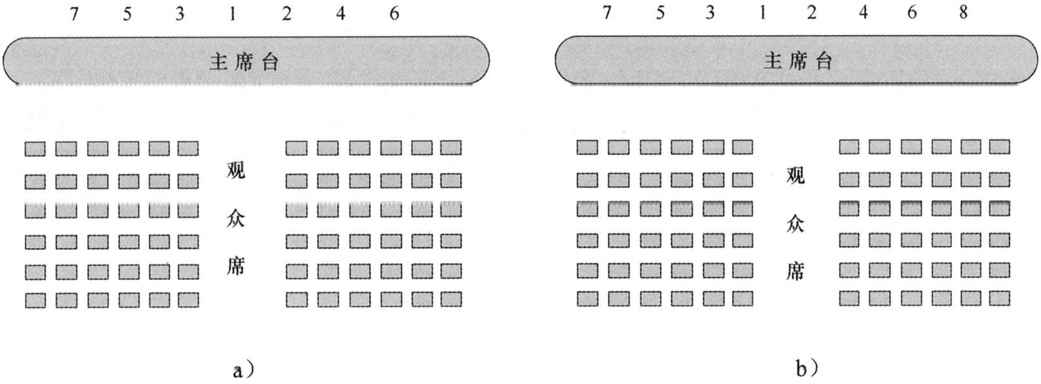

图 3-6　主席台上的位次排列

a）主席台上人数为奇数时　b）主席台人数为偶数时

四、日常工作中的位次

（一）乘车的位次

以双排五人座轿车为例，其上座问题，总体来讲，与开车人的身份有关。

1. 专职司机开车

在车辆为左舵驾驶的国家，专职司机开车时，其座次的排列由尊而卑依次应为：后排右座、后排左座、后排中座、前排副驾驶座。一般情况下，与专职司机呈对角线的座位是上座，即主宾的座位。原因在于：一方面，后排比前排相对安全；另一方面，这个位置靠近路边，上下车方便。还有一个上座就是司机正后方的座位，一般高级官员、高级将领、一些巨商等喜欢坐这个位置，原因在于：第一，后排相对安全；第二，隐秘性比较强，外面的人很难看见。专职司机开车时，副驾驶座是随员座，一般坐翻译、保镖、警卫、办公室主任、秘书等工作人员。

2．主人开车

主人开车时，在车辆为左舵驾驶的国家，其座次的排列由尊而卑依次应为：前排副驾驶座、后排右座、后排左座、后排中座。上座是副驾驶座，一方面表示与主人平起平坐，同时也是尊重主人的表示。当中途副驾驶座上的客人下车后，后面的人应及时坐到前面来陪主人，方不失礼。

双排五人座轿车的位次排列见图 3-7。

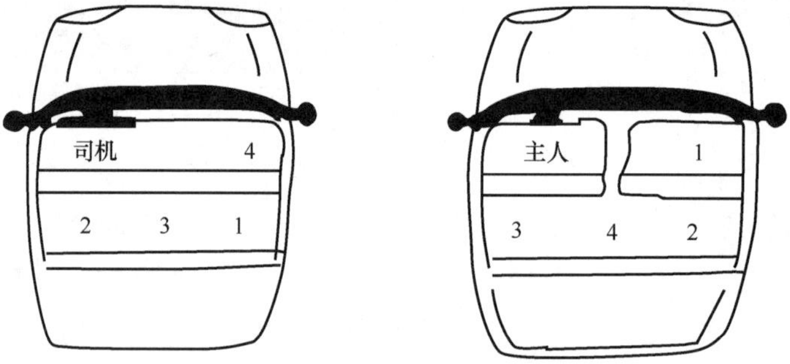

图 3-7　双排五人座轿车的位次排列

在一般情况下，应主动将上座让给上司、客人、长者、女士就座。

在礼仪上，还有一种说法，即客人愿意坐哪里，哪里就是上座。这也是对客人自主选择权的一种尊重。对病人、残疾人等，更应尊重其择座意愿。

（二）宴会桌上的位次

中餐一般是圆桌，面对房间正门的位置是主位（餐巾叠法不一样），就是第一主人的位置。如果主方有两位身份相当，则可使用双主位排列法，即第一主人面对正门，第二主人背对正门。主宾则坐在主人的右手边。宴会桌上的位次排列见图 3-8。

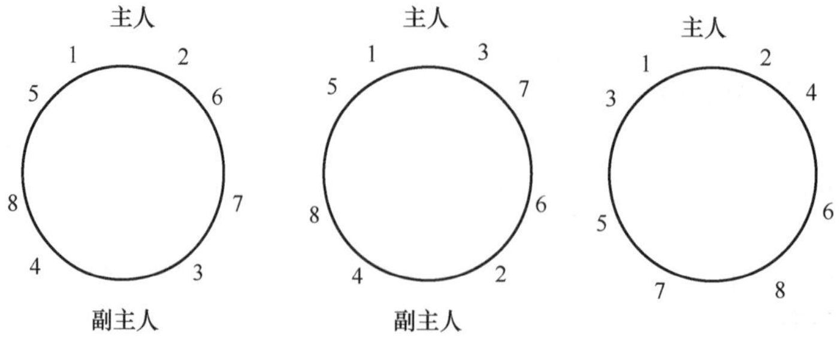

图 3-8　宴会桌上的位次排列

（三）行进中的位次

在多人一起行进时，一般的位次原则是：内侧高于外侧，中央高于两侧，前方高于后方。

第十一节　拜访礼仪

拜访是最常见的人际交往形式，是现代社交生活中的一项主要活动，是人们联络感情、扩大信息来源、增进友谊和沟通关系的有效方法。在日常工作和生活中，有的人成为处处受欢迎的客人，有的人却成为主人唯恐避之不及的不速之客。由于工作的需要，旅游工作者经常要去拜会一些重要的客户、对单位有帮助的人、合作的伙伴等。礼节和惯例的掌握对旅游工作者来说是不无裨益的。拜访的基本原则和礼节如下。

一、两厢情愿

这是拜访最重要的一个原则，两厢情愿容易形成互动。千万不要勉为其难，别让自己成为不受欢迎的人。现代人生活节奏快，在工作中的忙忙碌碌自不待言，就是在工作之外的时间里，也需要分秒必争，充分利用一切时间去休息和享受家庭生活。因此倘若没有任何充分的理由，是没有必要无端拜访他人的，即使对方是至亲好友也不例外。否则，拜访不仅会妨碍被拜访者的工作、学习、休息或家庭生活，而且还会给对方造成缺乏修养的印象。

二、有约在先

在拜访前写信或者打电话相约是重要的礼貌准则。访问前不打招呼，贸然闯去，是极其失礼的行为，尤其是拜访外国人。外国人对不速之客打乱了他的日常计划，往往非常不高兴。而且有约在先，也可避免因对方不在而白跑一趟。

拜访前的约定联系，应至少提前一周进行。若被拜访者地位尊贵、日理万机，则联系的时间还要再提前一些。这样做的目的是使对方事先有所安排、有所准备，并且尽可能地不干扰对方既定的一切活动。

在一般情况之下，拜访的时间与地点等可以由拜访者与被拜访者双方商定，但是并不排斥“客随主便”。也就是说，拜访者可以发表个人意见，但必须尊重被拜访者的意见。

约定的内容包括以下几个方面。

（一）约时间

1．登门拜访时间

约定的拜访时间以不妨碍对方为原则，所以要考虑多方面因素。

一要优先考虑对方比较方便的时间。例如，可以说“我想去拜访您，您觉得什么时间比较合适”。一般来说，因公拜访要避开公务繁忙的高峰时间，如星期一或每天刚上班的时间，或者精力不集中的时间（如星期五或快下班时），而星期二、星期三等相对比较合适；因私拜访在晚上七八点是最恰当的时间，不宜太晚以免影响主人的休息。

二要避开对方的吃饭时间和休息时间。因公拜访如上午九十点，下午三四点相对较合适，否则碰上主人吃饭和休息双方都会感到尴尬不便。因私拜访尽量不要占用对方的周末和节假日。

2. 拜访持续时间

拜访持续时间最好也提前主动说清楚，让被拜访者有所准备。拜访时间不宜过长，一般半个小时足矣。因为在现代社会，时间就是效率，就是金钱。例如，可以这样相约：“×先生，如果您方便的话，我准备星期二下午三点去您办公室拜访，我大概会待半个小时。”

（二）约地点

地点的约定也应公私有别。因公拜访最好约在办公室，而一般不要到别人家里谈公事；因私拜访可以在私人居所或者在双方都方便的第三地点，如酒店、餐厅、咖啡厅等。

对于远道而来、住在酒店的客人，无论同性还是异性，根据国际商务交往的惯例，一般不要去酒店的客房拜访客人，因为此时客房是客人的私人空间，尤其不适合在夜间到访。比较适合的拜访地点是酒店的大堂、咖啡厅等公众场合。

（三）约人物

一般要提前跟对方约好拜访者的身份、人数，以让对方有所准备。如需住宿、就餐，也便于对方提前做好订房、点餐等准备工作。

（四）约主题

即最好事先约好拜访的目的和内容，以使对方能提前做好相关准备工作。

三、如约而至

如果事先已约好，就应根据约定的内容，一切如约进行。

不到万不得已，不要随便取消已经约好的拜会。如确有意外情况而不能赴约或需要改期，也要尽早通知对方，以免浪费对方的时间，还要表示诚挚的歉意并解释原因。若是约定下次拜访的话，务必慎之又慎。不宜过分匆忙，因为要是一而再、再而三地单方面提出取消拜访，怎么解释都是不太容易讲得通的。恪守信用无论是对社会组织还是个人，都是事关信誉和形象的重大问题。失信于人是社交及事业走向失败的开端。

拜访时，应遵守时间，准时到达。一般不要迟到，也不要早到。遵守时间、按时赴约已成为社交活动中最一般又最重要的礼貌修养。对一般约会来说，国外习惯准时或略迟二三分钟，国内习惯准时或提前三至五分钟。如确因故迟到，要详细说明原因，郑重致歉。参加宴请或观赏节目等要适当提前，不可迟到。到外国人家中赴宴时不可早到，以免主人措手不及导致失礼。

为了保证不致迟到，若有可能，可在约定拜访的具体时间时，将其定为某一个时间段而非某一个具体的钟点，这样便于给自己留有充分的余地。以时间段为约，其间隔不宜长于一个小时，并且最好是控制在半小时以内。时间段定得越长，对被拜访者的束缚就越大，应尽量避免。

拜访他人时，不宜未经对方同意，便自行决定带上任何其他人同往。即使是自己的配偶、情侣、子女或其他家人，也不能让其随行，以免既给被拜访者增添麻烦，又影响工作。在拜访时，一般除被拜访者之外，不应随意提出拜访、会见其他对方人士的请求。因为这样做于礼不合。

在拜访之中，交谈一定要紧紧地围绕议定的主题进行，不要改题也不要跑题。议定的主题一经谈毕，就应主动提出告辞。

四、登门有礼

（一）拜访前需确认

即出发之前要提前通报对方，提醒对方。但不要问："你是不是忘了？"而应从正面去说，如："×先生，我们上周约好了，今天去拜访您，不知您今天是否方便？"

（二）进门前按门铃

拜访时在进门之前，应当首先按门铃或敲门，得到许可后方才入内，不可不打招呼擅自闯入。即使门原来就已是敞开状态，也要以敲门方式告知主人有客来访。敲门时，应用手指轻叩，不宜用拳捶、用脚踢或粗声叫喊。在关门时，应用双手轻轻推上，不可用力猛甩或是用腿、脚、臀部连踢带拱。

（三）物品搁置到位

有时拜访者需要带一些物品和礼品，或随身带有外衣和雨具等，这些都应该放到主人指定的地方。如无指定的地方，可在征求主人的意见之后，按主人的安排放置，不可乱扔乱放。入座时应将公文包自觉地放在自己座位附近的地板上或主人指定之处，而不应将其乱放在桌椅之上。

（四）注意见面礼节

进门后，对在场的所有人，包括被拜访者的同事、配偶、子女以及其他来访者，都应打声招呼或微笑点头致意。对其他人视若无睹，不理不睬，是非常不礼貌的。如主人没有向你介绍其他客人，不可随意打听其他客人与主人是什么关系，也不要主动与其他客人亲昵地攀谈或乱插话，不要喧宾夺主。

当外套挂好之后，便可随主人走进客厅。主人让座，只需答一声"谢谢"，便可坐下。如拜访对象是年长者或位高者，应待主人坐下或招呼坐下以后方可坐下。

坐时要注意姿势，不要晃脚，也不要双手抱膝；坐在沙发上不能东倒西歪，更不要把头枕在沙发靠背上。即便是较为熟悉的朋友，也尽量不要这么随便。

若有人送上茶水，应从座位上欠身，双手接过，并表示感谢；主人送上果品或点心，应等到其他客人或者年长者动手之后再取食。

吸烟者应尽量克制。主人敬烟时，千万不要拒收主人的烟而抽自己的，且应先征得在场女士的同意。如果客厅里没有放置烟灰缸之类的器具，这表示主人是不喜欢抽烟的，拜访者就应尽量不要抽烟。

与被拜访者交谈前，先应寒暄几句，如天气、时事皆是好的话题，但不宜迟迟不入正题。一见面就喋喋不休地光谈要事或者缄默不语使人不知你因何事来访，这都是不得体的。交谈时除了表达自己的思想观点以外，还要注意对方谈话的内容、对方的情绪和周围环境的变化并注意应对。如对方谈兴正浓，交谈时间可适当长些，反之可短些；对方发表自己的观点时，应认真地听并适当插话或附和；不要自己谈得太多，应注意留给对方插话或发表意见和建议的时间与机会。

在拜访进行时，万一发现被拜访者临时有要事要办，或是有其他重要客人来访，那么最好长话短说，早一些告退，不要让被拜访者为难。发觉被拜访者面露倦意，或者其用餐、下班、休息时间将临时，拜访者应立即告辞，争取主动。假使被拜访者以及对方的其他人员在拟定的拜访时间之内有意无意地做出了打算中止谈话的表示，如一语不发、大打瞌睡、反复看表、坐立不安、找其他人闲谈、看书报、读文件、办公事，除非极为必要，一般都不宜使拜访继续进行下去，而应马上告辞。

（五）注意活动范围

非经许可，不得擅自进入被拜访者的卧室、餐室、储藏室、资料室、阳台以及其他外人不宜入内的“禁区”参观。

（六）慎动主人物品

特别应当牢记，未经主人允许，不允许乱摸、乱动、乱翻、乱拿被拜访者的任何物品。

（七）把握停留时间

进行拜访主要是因为有事相商或是出于礼貌而为，因此这一任务一旦完成，拜访即应告结束。确定拜访时间的长短，大体上应当遵循以下规则：在一般情况下，拜访不宜超过一个小时。初次进行的拜访，通常应控制在半小时以内。只在确有要事相商时，才可以超出这一限制。结束拜访的主动权应当由拜访者牢牢地把握，尽量不要自讨没趣，被被拜访者“礼送出境”。

（八）注意告辞礼节

一个好的开始就应该有一个好的结束，而留给人一个最后的好印象，与初见面时给人的好印象同等重要。所以，告辞礼节在人际交往中也十分重要。

最恰当的告辞时间是在准备告辞的人自己说完一段话之后。因为当别人说完一段话之后就立即提出告辞，会使人误认为你对别人说的话已不耐烦了，所以这样的告辞是失礼的。

告辞之前要稳重，不要显得急不可待，不能打哈欠、伸懒腰，应保持优雅的姿态。在告辞时，拜访者一旦表明告辞之意即应起身站立，并且首先伸出手来与被拜访者相握，同时说“再见”。与对方的其他人员，也应当一一握手道别。

如果来访的客人很多，自己有事需要提前离开，应悄悄地向主人告辞并表示歉意，以免惊动其他客人。但如果你的告辞被其他人发觉了，这时可同邻近的客人握手告别，同稍远的客人以手势告别，也可对全部客人行拱手礼。

告辞后行至门口，拜访者应请送行者就此留步，可再次与对方握手道别，随后即应立即离去。听到主人请你下次再来时，应说：“好的，那我告辞了。”不要说多余的客气话，也绝不要站在门口再做一次长谈。不要一边走一边与送行的被拜访者言犹未尽，说个没完，让对方难以脱身。

第十二节 宴会礼仪

在旅游公关交往活动中，作为主人宴请客人，或作为客人出席宴会，都是经常之事。因此，宴会礼仪包括两个方面的内容：主人之礼与客人之礼。无论为主为客，皆有一定之规，都应表现出良好的礼仪修养。

一、当好主人

（一）接待的原则

1．平衡

公关活动经常同时宴请来自不同单位、不同部门的多方客人，此时应一视同仁，不要厚此薄彼。

2．对等

对等是外交礼仪中应用甚多的一条规则，即东道主在外交活动中接待来宾时，所给予来宾的礼遇规格，一定要与对方的实际身份相称（打破常规或是不够规格会使对方感到不安或不快）。其具体内容如下。

1）主方在为来宾安排膳宿与活动时，亦须使之在档次上与来宾，尤其是主宾的身份相符。

2）主方宴请或迎送来宾的主要人员，在职务上应与对方大致相当。如果宾主双方职务、地位相差悬殊，身份根本不对等，又无任何理由，就有轻视来宾之嫌。

3）主方在宴请或迎送来宾时，在人数上也应基本上与对方相近。

3．讲惯例

惯例，即约定俗成的习惯做法。平衡、对等也是接待的惯例。此外，在接待时，还可借鉴同行接待某级别客人的相应规格。

（二）接待的礼节

主人对客人的热情最能让客人感受到主人的诚意，所以接待客人应笑脸相迎。客人到达后，主人要主动起身上前迎接并与客人握手，然后热情地招呼客人坐下。

主人对待客人要谦和有礼。称呼客人要用尊称，尽量用征询和商讨的口气与客人谈话，并尽量回避容易引起客人尴尬、难堪、伤心、愤怒等情绪的话题。

主人要创造轻松、愉快、和谐的气氛。客人入座后，主人要主动搭话、寒暄。寒暄的话语要根据不同对象、不同时间、不同场合而异。对客人而言，嘘寒问暖是一种关怀，更是一种气氛，可以让其尽快适应环境，不至于产生拘束或被冷落的感觉。当客人较多时，主人要善于为他们互相介绍，协调好他们之间的关系。绝不可只顾与一部分客人交流，而冷落了另一部分客人。平素关系不甚融洽的客人刚好碰到了一起时，主人应该多说一些幽默风趣的话缓和气氛，帮助客人摆脱窘境。宴会上沉默寡言会使宴会气氛显得沉闷，

主人应主动引出交谈的话题，促使客人们相互谈论大家都感兴趣的内容。

背景音乐在宴会厅里的运用，往往对调节宴会的气氛起着十分重要的作用。它可以使客人在品尝美味佳肴的同时，得到味觉与听觉上的双重享受。轻松而舒缓的音乐有利于减轻大脑的疲劳，使身心得以放松，从而保持较好的精神状态。宴会厅里的背景音乐应以轻柔舒缓的抒情音乐为主，比如钢琴曲、小提琴曲、萨克斯独奏曲、民乐及小曲等。一般而言，快节奏、有强烈震撼力的音乐不适合用作宴会的背景音乐。

款待客人要有诚意。避免选择触犯客人民族禁忌、宗教禁忌、职业禁忌或个人禁忌的食材和调料等。席间要积极照顾客人，用公用餐具为客人布菜、舀汤，并适时为客人添茶、斟酒。

客人告别时，主人应起身相送，主动帮客人把门开好并站在门内，等客人出门以后主人随后再出来，或者一边谈一边同时出来。分手时，与客人话别，祝一路平安，欢迎并诚恳邀请客人以后再来做客，并要注意等客人主动握手告别。客人走后，不要马上返回，要站在原地看着客人走一段，客人回头观望时，可再次向客人招手道别，这样会给人留下热情、好客的深刻印象。

二、做好客人

（一）接受邀请注意事项

当收到请柬时，首先应当了解是参加哪一种类型的宴会，一般请柬上都有说明：是中式的，还是西式的；是去邀请者家里做客，还是去酒店参加庆典等。

宴请一般分为正式和非正式两种，但不论何种宴请，按照一般的礼节要求，回复邀请应在收到请柬后的第一天内，太迟了会被视为无礼。

接受邀请后没有特殊的原因不要随意变动，万一有特殊情况不能出席，应及时有礼貌地向主人解释和道歉，万万不可不经解释就随意不去参加，这是极不礼貌的行为。

（二）出席宴会注意事项

出席正式宴会要严格守时，既不能迟到也不必过早到，比邀请时间早到两分钟左右较为合适。

在出席宴会时，应当尽量地多接触一些其他人士，多与其交流、沟通。不要只同几个熟人或一两个人谈话，也绝不可金口难开，枯坐一隅，似乎对其他人全然不感兴趣，这是很不礼貌的。有些宴会的本意就是要让赴宴者扩大自己的交际面，若不理不睬其他任何人，不但辜负了主人的好心，而且还会给人以“为吃而来”的印象。

在宴会开始前、结束后，要与主人夫妇打个招呼。在休息厅与餐桌上，应与身边的人主动谈上几句话。当他人找自己交谈时，不应置之不理。

待绝大部分客人已停止进餐之时，主人把餐巾放在桌上，或者从餐桌旁站起来，是宴会到此为止的信号。只要看到这种信号，客人即可把自己的餐巾放下，起身离席了。

客人在离开宴会现场时要对主人的盛情款待表示感谢，不可吃完抹嘴就走。

做客之礼的其他内容在本书“拜访礼仪”一节有详细介绍，此处不再赘述。

三、宴会着装

出席宴会一定要注意着装得体。着便装、休闲装、运动装等参加正式宴会都是不合时宜的。在欧美国家参加正式宴会，男士们通常着深色西装，配白色或浅色衬衣，系领带、领结或领花，穿擦拭干净的黑皮鞋；女士出席正式宴会通常穿礼服，一般长袖礼服配短手套，而短袖礼服则配长手套，女士的礼服应与高跟鞋搭配。

在步入宴会厅之前，可利用衣帽间、休息厅等处，整理一下自己的仪容、服饰。一旦在餐桌上坐定，就不可再行整理了。在用餐期间，不能宽衣解带，如松领带、挽袖口、卷裤管等。在餐桌上描眉、画眼、涂口红或者梳理头发亦应禁止。不然，不仅会被人笑话，而且还会影响他人的食欲。

四、席上礼规

入席时，除了要知道自己当天所扮演的角色之外，还应当了解主人、主宾在餐桌上的位置以及其他男女陪客的位置，然后按照自己扮演的角色入座才不至失礼。

入席就座以后，首先要注意自己的仪态。既要坐得端正，又不要显得过于拘谨。椅子不要坐满，只坐三分之二的位置。双手放于膝部，不得趴在桌沿上，不可随意拨动桌上的餐具，也不宜摆弄小物件或做拨弄头发等不雅的习惯性动作。

上菜前将餐巾（其用途是防止食物弄脏衣服，也可用来擦嘴，但绝不能用于擦拭餐具）轻轻展开，进餐时不要将餐巾挂在胸前。大餐巾可折起放在腿上，小餐巾可打开直接放在腿上，擦嘴动作要轻。进餐前，服务员送上的第一个湿毛巾主要是用来擦手的，用其擦脸、擦头是很不雅观的。

在进餐过程中动作要文雅。切不可将胳膊肘放在餐桌上，这种姿势稍有不慎就会弄翻菜盘，当众出丑；更为糟糕的是，叉开的双臂会妨碍身边的其他客人用餐。没有吃过的菜肴或者食用方法独特的菜肴上席时，可慢一点动筷，等别人食用时再依样而为。宴会中不可哈哈大笑、窃窃私语或者大声招呼。

热食待凉后再吃，切勿用嘴乱吹。进餐时，咀嚼食物要把嘴闭起来，喝汤不要啜，应用汤匙送进去，要细嚼慢咽，不要狼吞虎咽，尽量避免发出声响。尤其是在有外国友人在场时，用餐不发出声音是最基本的一种餐桌礼仪。因此在与外国友人一同赴宴、同桌进餐时，特别要对此多多注意。不论享用何种美味佳肴都要有所克制，一次入口过多，不但自己颇费气力，而且极不雅观。难以咀嚼的大块食物，可将其分割之后再入口。喝酒水饮料时，也应一点一点温文尔雅地慢慢喝。

在取菜时要看准了，夹住之后立刻取走，不要在菜盘里翻捡食物。从公用的菜盘中夹起的菜不可再放回去。宴会上使用筷子，应当注意一些禁忌，即舔筷子、吮筷子、敲筷子、舞筷子、插筷子、扔筷子及用筷子当牙签等。

在宴会上用餐，除了极个别的骨渣、鱼刺外，吃东西时原则上应当只进不出，以免让人厌恶。菜梗、骨渣、鱼刺之类，最好在食用食物之前就将其剔除。万不得已要吐，注意用餐具将其移到骨碟里，而不宜直接吐在餐桌上或地上。

注意不要边咀嚼食物边讲话，或者边摆弄刀叉边讲话。要说话时，须等咽下嘴里的食物再说。身边的人正在品尝食物、口中明显含着食物或在咀嚼时，切勿主动与之交谈。否则对方既不能马上咽下食物，又不能当即吐出来，会很为难。

宴会进行过程中，敬酒是不可缺少的项目，重要的宴请活动还有专门的祝酒仪式。作为客人，要事先准备好为何人、何事祝酒，以便做到心中有数，避免失礼。碰杯时主人和主宾先碰，人多时可同时举杯示意，不需逐一碰杯。祝酒时要注意，不可交叉碰杯。碰杯时，在餐桌上不要将胳膊伸得太长。碰杯时位低者应当把自己的酒杯举得比位高者的酒杯略低一些。主人致祝酒词时，应当放下筷子暂停进餐。此时，不要与其他人交谈或抽烟，耐心倾听才符合礼仪规范。

宴会上用餐应当防止醉酒。不应在宴会上饮用超过自己平日酒量三分之一的酒，点到为止即可。绝不要在宴会上划拳，更不能集体起哄，猛灌某一个人。劝酒是不文明的风气，不宜这么做。如果对方不会喝、不愿喝、不能喝、不方便喝，不要勉强。

在宴会上用餐应当禁止吸烟。在一般情况下，宴会举行期间都是要禁止吸烟的。这样规定是为了保护环境和全体赴宴者的健康。吸烟者一定要遵守此项规定，不可破戒。即便有些宴会无此规定，最好也不要在宴会厅里吸烟。一边吃饭，一边吸烟，可谓失仪之至。

牙签应在万不得已时才用。剔牙时应去洗手间，尽可能不要在餐桌上剔牙，尤其不宜毫无遮掩地面对他人张嘴剔牙，也不要把牙签长时期叼在口中吸来吸去。更不能直接下手去抠，甚至对抠出之物还要仔细瞧一瞧。用过的牙签等都应放在骨碟内，不得直接放在桌上。边走边剔牙更是不雅观的行为。

宴会结束离开餐桌时，不要将座椅拉开就走，而应将其挪回原处。男士应帮助身边的女士。一般情况下，贵宾是第一位告辞的人，离席时应让身份高者、年长者或女士先走。

第十三节　西餐礼仪

一、西餐宴会着装礼仪

参加正式的西餐宴会时，女士要化妆，男士要打扮整洁，且要身着礼服，以得体的装饰烘托现场的氛围。男士一般穿燕尾服，女士穿大礼服。中国人可以穿中式礼服或具有民族特色的服装。千万不要着牛仔、T恤等休闲装去参加正式的西餐宴会，那样不仅不礼貌，还会破坏现场气氛，显得格格不入。

二、西餐的菜序

在英、美等西方国家，宴会并不重吃，吃饭仅仅作为一种聚会和交流的机会，也是获得信息的机会。主人会千方百计地创造出一种轻松、和谐、欢快的气氛，让客人们享受一段美好时光。

在菜序上，中西餐有很大不同。中餐基本上是把所有的菜一次全部上齐后让客人大饱眼福、大饱口福，而西餐是吃完一道菜，撤掉之后再上下一道菜。

一次正式的西餐宴会往往要上六道左右的菜。不过西餐宴会也在简化，只上两三道菜的西餐宴会现在已越来越多了。

（一）开胃菜

开胃菜主要是酸甜、爽口的，如鱼子酱、鹅肝酱，开胃菜只在非常正式、隆重的宴会上才有。

（二）头盘

头盘主要是沙拉、冻子、泥子之类，以沙拉为主。沙拉主要有水果沙拉、蔬菜沙拉、海鲜沙拉、什锦沙拉等；冻子主要是果冻、肉皮冻之类；另外就是由各种水果、蔬菜制成的泥子，如菠萝泥、苹果泥、芒果泥、蔬菜泥、什锦泥等。

（三）汤

一般是开胃汤，主要有红汤（如番茄汤、罗宋汤）、白汤（如奶汤、苜蓿汤、松茸汤）、清汤等。

（四）副菜

副菜主要是各种鱼类和海鲜。

（五）主菜

主菜即肉类，以牛排为主，还有猪排、羊排等。

（六）甜品

甜品主要是冰淇淋和各种水果，如菠萝、苹果、橙子、葡萄等方便在餐桌上食用的水果。

（七）饮品

饮品主要是咖啡或者红茶，在西餐结束之际可以选用其一，以化解油腻。

吃西餐时，讲究每道菜要配以不同品种的酒。一般的习惯是：吃开胃菜时，配鸡尾酒或香槟；吃鱼或海鲜时，配干白葡萄酒；吃肉时，配干红葡萄酒；吃甜点时，配香槟酒或白兰地酒。不同品种的酒，不仅要以不同形状的酒杯盛放，而且其饮用的温度、品尝的方法以及持握酒杯的方式也都各不相同。

三、餐具的使用

（一）餐巾的作用

西餐餐巾应铺在大腿上保洁，以免就餐者弄脏衣服。一般对折成长条形或大三角形，开口朝外，便于擦嘴，但不能擦汗。西餐跟中餐一样，吃到嘴里的食物不能吐出来。万不得已要吐，比如食物坏了，或骨头、渣子之类，应用餐巾遮挡，然后吐到叉子上，用叉子移到盘子里。如果用餐者把餐巾放在座椅的椅面上，表示中途暂时离开一下，这道菜还没用完，请服务生不要收走；若用餐者把餐巾放在餐桌桌面上，则表示这道菜已吃完或不想再用了，服务生可将其撤走。

（二）刀叉的用法

正规的西餐宴会上，每个人面前的食盘两侧都会各有不止一副刀叉。它们通常是左叉、右刀，一边各有两三只。一般的做法是，吃一道菜换一副刀叉。取用刀叉的规律是各自依次从外侧向内侧递进。

刀可以用来切割食物，也可用来把食物拨到叉上。持刀时，一般应使用右手。

叉是用于叉取食物的。有时，还可用叉来按住食物，使之用刀切割起来不会滑脱。叉既可以拿左手上，也可以拿右手上。

吃每道菜时，餐具的使用都要注意规范。吃沙拉之类的开胃菜，应只用叉，不用刀；吃鱼时，要先用刀切开，再用叉来吃；吃甜点时，要用汤匙或叉；吃水果时，则可以用手取食，或用刀切好之后再以手取食；吃面包或三明治时，要用手拿着慢慢吃，吃炸土豆片也是如此；吃肉时，最好刀叉并用，边切边吃。

同时使用刀叉进餐时，有两种方式。其一是欧洲式，即左叉、右刀并用，切一块吃一块，这样食物的热量和味道不至于散失得太快，是比较科学的方式；其二是美国式，先以左叉、右刀把整块食物全都切好，然后放下刀，把叉移到右手上，慢慢地品尝。

用刀叉切割食物时，动作不宜过大，尤其是不可使之叮当作响。与人交谈或中途暂时离开时，刀叉要在盘子里放成“八”字形，表示一会儿还要用；若把刀叉并排放在食盘上面，则表示这道菜不用了，服务生可将其撤走。不可把刀叉放在桌面上，尤其是不得摆成“十”字形。

（三）汤匙的用法

在有的西餐宴会上，汤匙也不止一只，它们都放在刀的右侧。汤匙取用的次序也是要由外侧向内侧依次递进。

在饮咖啡或红茶时，一定要用汤匙。可以用汤匙把加入的糖或牛奶拌匀，但绝不可以用它来舀喝咖啡或红茶。暂不用汤匙时，应置之于托盘之上，不要将其立于杯中。

喝汤时，不宜端起来直接用嘴喝，而应当用汤匙外侧舀起来从汤匙的内侧喝。喝到最后，可将汤盘持起向外倾，再以汤匙舀起余汤，但不能用面包去蘸汤。

四、西餐举止

西餐讲究气氛，除了强调用餐者的仪容仪表之外，还特别注重其言行举止。例如，用餐时可以交谈，但不能高声喧哗，这是基本的礼节；用餐时坐端正，不要以口就菜，而应以菜就口；不要用餐巾擦餐具，这是不尊重主人的表现；遇到不懂的事不先为，一般以女主人为第一顺序；刀叉落地后，不可捡起再用，而应请侍者为自己捡拾、替换。

第十四节　自助餐礼仪

自助餐又叫“冷餐会”，所供应的各式菜肴基本上都是冷食，盛在公用的盘子里，由用餐者根据个人的兴趣来自行选择。有时也适量地提供一些半成品，由用餐者自己进行再加工。故而，它可以调动用餐者的主观能动性，所以名曰“自助餐”。自助餐是近年来广为流行的、简化了的便宴的新形式。

一、自助餐的优点

（一）免排座次

正规的自助餐往往不固定用餐者的座次，甚至不为其提供座椅。这样一来，既可免除座次排列之劳，还便于用餐者自由地进行交际。

（二）节省费用

因为自助餐多以冷食为主，少有高档的菜肴、酒水，故可大大节约主办者的开支，并避免了浪费。

（三）各取所需

享用自助餐时，用餐者碰上自己偏爱的菜肴，只管自行取用便是，完全不必担心他人会为此而嘲笑自己。

（四）招待多人

当需要为众多的人士提供饮食时，自助餐不失为一种首选。它不仅可用以款待数量较多的来宾，而且由于食物品种多，还可以较好地处理众口难调的问题。

二、自助餐的礼仪

（一）排队取菜

在享用自助餐时，尽管需要用餐者自己照顾自己，但这并不意味着可以因此而不讲秩序。实际上，在就餐取菜时，由于用餐者往往成群结队而来，大家都必须自觉地维护公共秩序，讲究先来后到，排队取用食物。不允许乱挤、乱抢、乱插队，更不允许不排队。

在取菜之前，先要准备好一只食盘。轮到自己取菜时，应以公用的餐具将食物装入自己的食盘之内，然后即应迅速离去。切勿在众多的食物面前犹豫再三，让身后之人久等。更不应该在取菜时挑挑拣拣，甚至直接下手，或以自己的餐具取菜。

总之，在享用自助餐时，不管是取餐具、食物或饮料，相互之间都要文明谦让，排队轮流去取，切勿哄抢、争夺。

（二）循序取菜

在享用自助餐时，要想吃饱、吃好，在取用菜肴时就一定要首先了解合理的取菜顺序，然后循序渐进。按照常识，一般的自助餐取菜顺序依次为：冷菜、汤、热菜、点心、甜品和水果。因此在取菜前，最好先了解总体情况，然后再去取菜。

如果不了解这一合理的取菜先后顺序，而在取菜时自行其是，乱装、乱吃一通，难免会咸甜相克，令自己吃得既不畅快又不舒服。例如，在享用自助餐时，甜品、水果本应作为“压轴戏”，最后再吃。可要是不守此规，为图新鲜而先大吃一通甜品、水果，那么立即就会饱了，等到后来见到自己爱吃的食物，很可能就会“心有余而力不足”，只好“望菜兴叹”了。

（三）量力而行

享用自助餐时，遇到自己喜欢吃的食物可以尽管去吃，这正是自助餐大受欢迎的地方。不过，应当注意的是，在根据本人的口味选取食物时，必须要量力而行。切勿盲目贪多而将食物狂取一通，结果却吃不完而导致浪费。

在享用自助餐时，多吃是允许的，而浪费食物则是绝对不允许的。

（四）多次少取

多次少取的具体含义是：每取一种食物或饮料，均应以少为佳，可以多次取用。在选取菜肴时，最好每次少选一些品种。待吃好后，再去取用其他的品种。每次应当只取用少许，待品尝之后，觉得它适合自己的话，那么还可以再次去取，直至吃好为止。要是不谙此道，在取菜时将多种菜肴盛在一起，导致其相互串味，则难免会暴殄天物。

（五）避免外带

所有的自助餐，不管是以之待客的由主人亲自操办的自助餐，还是对外营业的餐馆里所经营的自助餐，都有一条不成文的规定，即自助餐所供应的一切饮食，都限于在用餐地点之内享用，而绝对不可携带出去，更不可要求侍者替自己“打包”，那样的表现必定会使自己见笑于人。

（六）送回餐具

在一般情况下，自助餐大都要求用餐者在用餐完毕之后、离开用餐现场之前，自行将餐具整理到一起，然后一并将其送回指定的位置。在庭院、花园里享用自助餐时，尤其应当这么做。在餐厅里就座用餐，有时可以在离去时将餐具留在餐桌之上，而由侍者负责收拾。虽则如此，亦应在离去前对其稍加整理为好。不要弄得自己的餐桌上杯盘狼藉，更不允许将餐具随手乱丢，甚至任意毁损餐具。

（七）照顾他人

在享用自助餐时，除了对自己用餐时的举止表现要严加约束之外，还须与他人和睦相处，多加照顾。对于自己的同伴特别需要加以关心。若对方不熟悉自助餐，不妨向其简要地进行介绍。在对方乐意的前提下，还可向其具体提出一些有关选取菜肴的建议。

在用餐的过程中，对于其他不相识的用餐者应当以礼相待。在排队、取菜、寻位以及行进期间，对于其他用餐者要主动加以谦让，不要目中无人，蛮横无理。

（八）积极交际

一般来说，享用自助餐时必须明确，吃东西往往属于次要之事，而与其他人进行适当的交际才是最终目的。不要只顾自己躲在僻静之处一心一意地埋头大吃，或者来了就吃、吃了就走，而不与其他在场者进行任何形式的正面接触。一定要主动寻找机会，积极地进行交际活动，可以与任何人交谈。首先，应当找机会与主人攀谈 番；其次，应当与老朋友好好叙一叙；最后，还应当争取多结识几位新朋友。不过在加入陌生者的交际圈时，先要征得对方同意，并先做一下自我介绍。对于其他后来加入谈话的人，大家都应当热情地表示欢迎。

第十五节 舞会礼仪

舞会来自西方，是以进行跳交谊舞的活动为核心内容的一种轻松、愉快的文娱性社交集会。在现代社会，舞会越来越受到人们的普遍喜爱，并且已经逐渐地成为人们社交、休闲、娱乐的常规项目。

舞会通常在酒会等招待会后举行，也可单独在晚上举行。如果不会跳交谊舞，将失去一些结识朋友、交流感情的机会。舞会特别强调礼仪，如果不懂舞会礼仪会给人以粗俗、缺乏修养的印象，所以参加舞会的人都必须遵循舞会的礼仪规范。

一、参加舞会的修饰与着装

参加舞会应该注意仪容仪表的干净、整洁。头发要梳理整齐，洗净脸上的灰尘污垢。

女士需精心化妆、修饰，男士要剃须、修面。在跳舞时，舞伴之间要近距离相对，因此要有意识地避免自己的身上产生怪异之味。出席舞会之前，一定要洗澡、漱口，不要吃葱、蒜、韭菜之类气味经久不散的食物，不要饮酒。在舞场上不要吸烟。不要大嚼口香糖，尤其是不要在他人面前这样做。

一些比较正规的舞会往往对参加者的着装有要求。即便对着装没有要求，亦应使之端庄、优雅，切勿衣衫不整或穿得过紧、过短。参加舞会的服饰要尽可能和环境融为一体，过于灰暗的服饰与舞会的气氛不协调，应以红、橙、黄等暖色为主调，辅以浅蓝、浅绿等色彩。女性服装既要美观醒目，又要结合自身条件，显得和谐自然、落落大方。男士可穿深色的中式时装、中山装、西装套装或长袖衬衫配长裤。在舞会上不可当众更衣或脱去外衣。

二、舞会上的言行举止

（一）扩大交际

舞会重在联络，在正式舞会上邀请舞伴，不能单凭个人好恶，还须兼顾交际面。

根据舞会礼仪的惯例，邀请舞伴时原则上应遵守如下的礼仪次序：第一曲是主人夫妇、主宾夫妇共舞；第二曲是男主人与主宾夫人，女主人与男主宾共舞；第三曲音乐起，参加舞会者可纷纷下场跳舞，男主宾应轮换邀请其他女士，特别是主人方的女士，其他男宾则应先后邀请女主人。男主人除邀请客人方的女宾共舞以外，还需邀请没有舞伴的女宾并为她们介绍舞伴。

为了保证舞会的男女比例平衡，通常都规定舞会的参加者要携带一名异性参加。但是二人在整个舞会上共舞的次数应以两次为限。舞会上的第一支舞曲（实际上是第三支舞曲），二人是一定要共舞的。舞会上的最后一支舞曲，二人有可能也应共舞。千万不要从头到尾都只跟与自己同来的异性一起跳舞。

客人要主动进行相互接触。作为来宾，在舞会上可以邀老朋友，也可以请陌生人，以扩大自己的交际面。在舞会上，客人可在邀请舞伴时有较多的选择，原则上讲可以邀请其他任何人。但应注意的是，应当主动抽时间邀请一下主人，而不一定非等待对方来邀请自己不可。在舞会上，若遇到了关系密切的朋友，应请对方或其同伴一次。对于同来之人以及被介绍给自己的人，若有可能亦应相邀一次。

主人要重点照顾好自己的主要客人。若对方只身前来，应为之安排舞伴。若对方明显地受到骚扰，应想法将其“解救”出来。

（二）适度交际

在舞场上，不要对异性过分殷勤。不要跟刚刚相识的异性长时间地厮守在一起或打打闹闹。不宜过多地跟对方讲心里话或过多地了解对方的详情，不宜跟对方提出今后约会的请求，也不宜主动要求护送对方回家或是要求对方护送自己回家。

（三）举止文明

参加舞会者进入舞场后，言行举止要讲究文明，不要大声说笑、怪叫或满口污言秽语。

走路时脚步要轻，不要在舞池中穿行。找座位时如发现一张桌子旁已坐了人，应有礼貌地询问“我可以坐下吗”。

邀请舞伴时应彬彬有礼，舞曲响起后，男士可行至拟邀舞的女士面前，先跟与她一起在座的男士或其他人点头示意，然后对拟邀舞的女士点一下头或者欠身施礼，并目视对方轻声说“请您赏光”或是“可以请您跳舞吗”。

受邀者也应当落落大方。在舞会上得到他人的邀请，应视之为对方给予自己的一种礼遇，一般不宜对邀请表示拒绝。如果决定拒绝别人的邀请时，要十分注意文明礼貌。一定要说明理由，以求得对方的谅解。已经拒绝他人的邀请后，在一曲未终时就不能再同其他人共舞。否则，会被认为是对前一位邀请者的蔑视，这是很不礼貌的表现。当被拒绝男士再次来邀请，在无特殊情况的条件下，女士应接受邀请。

如果男士邀请女士跳舞时，女士已答应和别人跳，她应当向这位前来邀请的男士表示歉意，并答应下一场舞一起共舞。如果同时有两位男士邀请一位女士共舞，通常女士最好都礼貌地谢绝。如果已同意其中一位的邀请，对另一位则应表示歉意，并礼貌地应允下一曲与之共舞。如果他人来邀请自己带的舞伴，不能一概拒绝。应按礼节促请被邀请者接受，绝不能代之回绝对方的要求，这是很不礼貌的。

跳舞时，要注意舞姿动作要优美大方，舞步要尽量规范。不能随心所欲，随意乱跳，那样既显得丑陋不堪，又会扫周围人的雅兴。

舞姿要自然，动作要协调，脸部朝向正前方，用眼睛的余光留心周围，避免碰撞。不要转头四方观看，也不要低头看脚，要凭身体的感觉来转换方向。随着步伐的演变，身体会产生高低起伏，应按音乐节奏保持一种均匀协调的优美动态。

男士右手应放在女士腰部正中，不可把女士的手握得太紧，也不要和女士的身体离得过近或过远，距离两拳为宜。也不能目不转睛地凝视女士的脸，以免引起女士的反感或造成误会。

女士跳舞时，舞姿应轻盈自如，给人以欢乐感，但不能乱送秋波，否则将有失稳重。

要尊重舞伴，切莫放浪形骸，使对方感到难堪。不要争抢舞伴。

在舞场中，即使是热恋中的情侣，也不宜过分亲昵，因为这对周围的人来说是不礼貌的。

音乐结束后，男士应将女士送到其原来的座位，等其落座后说一句“谢谢，再会”方可离去。

（四）遵守常规

按照国际惯例，舞会上一般应由男士请女士。社交礼仪讲女士优先，所以当男士请女士时，女士有选择权，女士是可以拒绝的。但是出于礼貌，女士最好不要拒绝他人的邀请。女士也可以邀请男士，尤其在公关活动中。但女士在邀请男士时，男士一般是不宜谢绝的。

在正规的舞会上不宜独舞，也不提倡同性共舞。在邀请外宾参加的舞会上，同性不共舞是最基本的原则。在外国人看来，同性一起跳舞有同性恋的嫌疑，男士共舞时尤其如此，或者意味着他们不愿向在场的女士邀舞，这是很不礼貌的。但是当两位女士在共舞时，两位男士采取同舞的方式，追随到她们身边，然后共同向她们邀舞，继而分别组成两对，这样是许可的。在西方，女士同舞有时是允许的，不过它表示的意思是“我们没有男士相邀，请男士们来邀请我们”，所以实际上很少有女士这么做。

（五）善于沟通

出于某种原因，女士不想接受他人的邀请，只要做得得体，也不算失礼。在拒绝男士的邀请时，要委婉且客气，不要置之不理或是对对方冷嘲热讽。最佳的婉拒方法，首先是对对方表示感谢，随后告之“对不起，已有他人约过我了”“我想暂时休息一下”或“这首舞曲我不太会跳”等，这些说法都是比较礼貌的，让邀请者有台阶可下。所以听到这类说法后，邀请者应立即“撤退”，切勿“再接再厉”，自找没趣。同时，女士告诉刚被拒绝的人“想暂时休息一下”后，不要马上出尔反尔，接受其他人的邀请。

第四章 导游服务礼仪

❑ 学习内容

- 导游员仪容仪表
- 导游员工作礼仪

导游员是旅行社的代表性工作人员之一，其工作处在接待第一线，工作涉及面广、独立性强，和游客接触交往的时间长，有“民间外交家”之美誉。

导游员是旅行社的灵魂，不仅代表着旅行社的形象，在涉外交往中，还代表一个地区的形象，甚至整个国家的形象。导游员的工作直接关系到游客对整个接待工作的满意程度。因此，礼仪对于导游员来说显得特别重要。导游员应注重发扬我国礼仪之邦的优良传统，做到热情友好、不卑不亢、以礼相待。

一、导游员仪容仪表

对导游员仪容仪表的要求如下。

1）导游员从第一次接触客人时起，就要注意自己的仪表、风度和言谈、举止，要树立美好的服务形象，给游客留下良好的第一印象。

2）着装得体、整洁，持证上岗、挂牌服务。

3）在为游客提供服务时，微笑迎客、主动热情、端庄大方。

4）在正式、隆重、严肃的外交场合，最好穿礼服：男性可穿西装、中山装、民族服装等，女性可穿旗袍、套装、连衣裙、民族服装等。

5）在日常交往中可穿工作服和各式便装。

6）注意着装的一些基本原则和各式服装的穿法及禁忌。例如，夏季时，男性不能穿圆领汗衫、短裤，女性不能穿超短裙等。

7）进入室内场合，应摘下帽子、手套，脱掉大衣、雨衣等。

8）工作时不能戴墨镜。

二、导游员工作礼仪

（一）迎送工作礼仪

接送旅游团队是导游员一项十分重要的工作。接团工作的礼仪是否周全，直接影响着旅行社和导游员本人在客人心目中的第一印象。送团则是带团的最后一项工作，如果前面的工做客人都非常满意，但送团工作出现了礼貌不周的问题，同样会破坏旅行社和导游员在客人心目中的整体形象，并使陪团前期的努力前功尽弃。因此，做好导游服务工作，迎送礼仪是十分重要的。

1．迎客礼仪

导游员应注意的迎客礼仪包括以下方面。

1）熟悉了解接待计划及有关电话记录、行动日程，确定工作要点，熟悉参观单位的情况。

2）了解团队、团员职业及其特点，按照人数领取导游图等宣传品。

3）落实住房，检查房间，熟悉房间方向、大小、设备等情况。

4）出发前向车站、机场、值班室问清火车、飞机确切抵达时刻，避免漏接。

5）抵达车站、机场后，要问清列车停靠的站台和机场出口，并了解车辆停靠地点和行李车是否到达等情况，以免临场慌乱。

6）接到游客后，导游员应及时索取行李卡和有关证件，并交给行李组和有关单位。

7）游客上车后，导游员应先致简单的欢迎词，然后发放导游图等宣传品。在行车过程中，导游员应向游客介绍本市及沿途主要建筑物等情况。如客人较为疲劳，则让客人自行休息。

2．送客礼仪

导游员应注意的送客礼仪包括以下方面。

1）客人活动结束前，要提前为客人预订好下一站旅游或返回的机（车、船）票；客人乘坐的车厢、船舱尽量集中安排，以利于团队活动的统一协调。

2）为客人送行，应使对方感受到自己的热情、诚恳、礼貌和修养。临别之前应亲切询问客人有无来不及办理、需要自己代为办理的事情，应提醒客人是否有遗漏物品并及时帮助处理。

3）到达车站、机场后，应首先安排好客人休息。办好手续后，将车票、机票、行李卡和有关凭证一并交给全陪导游员和领队。

4）告别时致简单欢送词。

（二）导游服务礼仪

导游服务礼仪包括以下方面。

1）导游证、旅行社的徽章或名牌应佩戴在服装左胸的正上方。

2）首先向游客问好，然后主动做自我介绍，讲清姓名、身份、单位，同时也向游客介绍其他旅游工作人员，如司机等。介绍要面带笑容，语气热情。

3）在讲解时，应面对游客，而不能背对游客坐着讲解。目光要巡视全体游客，不可仅注视一两个人，面部表情要亲切、自然；姿态端正、优美，给人以落落大方的感觉。

4）讲解声音要大小适中，使用话筒时音量、距离要适当。

5）讲解时可适当做些手势，但动作幅度不宜过大，不要手舞足蹈、指手画脚，也不要使用一些不恰当、不友好的手势。在数车上的游客数量时，切忌用手指比画。

6）导游员讲解时，不得抽烟。

7）游客插话提问时，要耐心听取并及时做解答，或亲切示意游客稍等，话告一段落后再解答游客的提问。

8）与游客交谈时，一般不要涉及疾病、死亡等不愉快的话题，不谈荒诞离奇、耸人听闻、黄色淫秽的事情。游客不愿回答的问题，不要追问。遇到游客反感或回避的话题，应表示歉意，立即转换话题。不批评、议论团内任何人。不随便议论宗教问题。对游客不要询问其收入、年龄、家庭、婚姻状况、个人履历等私人问题。与外宾交谈，一般不议论对方国家的内政。

9）尊重老人、妇女，爱护儿童，进出房门、上下车，要让老人、妇女、儿童先行，对需要帮助的人要上前搀扶，主动给予照顾。

10）导游过程中要照顾全体成员，而不可全程只和一两个人说话而冷落了其他人，要照顾全体成员行走步伐的快慢。

11）不要随意去客人的房间，特别尽量不要单独去异性客人的房间，如果情况需要，进房后门要半掩着。进入客人房间，最好预先约定，并准时到达。进门前要先敲门，经允许后才可进入。

12）尽量避免在休息时间或深夜打扰客人，要尊重客人的作息习惯。因急事需要见面而又未经约定去打搅客人时，要表示歉意，说明打搅的原因并及早离开。

13）除特殊情况外，一般不要站在房间门口与客人谈日程或其他问题，事先没有约定的谈话时间一定要短。

14）在室内不要随意触动、翻看客人的物品。

第五章
酒店服务礼仪

❑ 学习内容

- 应接礼仪
- 总台礼仪
- 餐厅礼仪
- 客房礼仪

第一节 应接礼仪

应接人员是代表酒店在大门口和门厅应酬客人的服务接待人员，担负着迎送客人的重要任务。客人对酒店服务人员的素质、服务质量往往就是先从这里开始获得第一印象的。因此，可以说应接人员的形象影响着整个酒店的服务质量和服务效果。

一、恭候迎宾

大门应接人员要穿戴迎宾服装上班，包括迎宾制服、迎宾帽、白手套、皮鞋等。要端庄大方、精神饱满地站立在正门前，恭候客人的光临。

见到客人光临，应主动上前彬彬有礼地亲切问候，要面带微笑热情地说“您好，欢迎光临”并躬身 15° 致礼。微笑的标准是自然、大方、真诚。对常住客人切勿忘记称呼其姓氏，如“史密斯先生”“张小姐”等。为了使每个客人都能听到问候语，应不厌其烦地连续多次重复，做到每人一问。接待团体客人时，应连续向客人点头致意，躬身施礼。

客人乘坐的车辆抵达时，要热情相迎；车辆停妥后，应一手拉开车门，一手挡住车门框的上沿，以免客人碰头。但注意出于宗教原因对两种客人不能这样做：一是伊斯兰教信徒，二是佛教信徒。

接迎客人时，对于需要帮助的客人，拉开车门后要主动搀扶其下车。对不愿他人搀扶的客人不必勉强，多尊重其意见，但要多加注意随时准备采取应急措施。

见客人带有行李，应主动上前为客人提行李。但同时要尊重客人的意愿，凡客人自己要提的物品，不要过分热情地去强行要求帮助提携。

下雨天时要撑伞应接，以防客人被雨淋湿。

二、迎客进店

陪同客人到总服务台办理手续时，在两三步处等候，以便随时接受客人的吩咐。

引领客人时，要走在客人左前方两三步处，随着客人的步子徐徐前进。转弯时，要微笑面向客人示意，以体现对客人的尊重。

行李员陪送客人乘电梯时，应先侍立一旁，以手挡电梯门边框，以免夹挤客人，并礼让客人先行入梯，不得慌慌张张自己捷足先登。在电梯内，行李员应尽量靠边站立，并将行李尽量靠边放置，以免碰撞客人或妨碍客人通行。到达楼层时，应示意请客人先步出电梯，不要抢先或与客人并肩挤出。

陪同客人到楼层时，应先与该楼层的客房服务员取得联系，随客人进房后，将行李全部放好并当面向客人交待清楚，礼貌告别，及时退出，以免给客人造成索要小费的错觉。

离房前，应微笑着说："先生/小姐/夫人，好好休息，再见。"然后面对客人，后退一步，再转身退出房间，将门轻轻关上。注意不能因用力过猛或随意关门的响声而造成客人不快。

三、送客离店

行李员接到要上楼层去房间搬运行李的通知时，进房前无论房门是关着还是开着，均要按门铃或敲门通报，在问清客人共有多少件行李物品后，小心提携并负责运送到车上。如客人跟行李一起走，客人离开房间时，行李员要将房门轻轻关上，然后随客人到大门。

放置好行李后，不要立即转身离去，而应向客人做好交待，并躬身施礼感谢光临和致告别语："祝您旅途愉快，欢迎下次光临！"

轻轻关上车门，注意不要让客人的衣裙被车门夹住，门要关得恰到好处，不能太轻而关不上或太重而惊吓客人。

车辆启动时应面带笑容向客人挥手告别，并目送其离去。

四、日常执勤

遇到住店客人的来访者，要礼貌地询问情由，不可生硬地把来访者拒之门外。

通过总服务台查核来访者欲见的客人是否住在本店，如果客人尚未到达或已经离店，要给予明确的答复。如客人尚在本店居住，可打电话到客房通知有客来访，由住店客人决定是否同意见面。

对要进客房的来访者，需客气地请其出示有关证件和办理登记手续。对无证件者安排在门厅等公共场所会客，并做好解释工作，要做到既按规定行事，又尊重来访者。

如接到电话代客人寻人，要表示乐意帮助，问清被寻者姓名、性别、年龄、特征等情况，复述一遍，必要时做笔录。如果经努力仍找不到时，则应客气地明确答复客人，不得含糊其词或不做答复。

执勤时，注意力要集中，随时观察哪位客人需要帮助，见客人有被询问的需要时，就要迅速做出反应，主动上前关心，不可视而不见，充耳不闻。

如遇客人需租用出租汽车，要帮助联系，如暂时无车，应安慰客人，再设法多方联系。

尽量当着客人面打电话联系，办事要使客人感到真实可信。

第二节 总台礼仪

酒店的总台是酒店的“窗口”，又是酒店管理的“神经中枢”。同时，从整个酒店服务工作来看，总台接待人员接触面广、影响大，在很大程度上关系到酒店的服务水平，故而总台礼仪显得尤为重要。

一、接待问讯

服务时姿态端庄大方，精神饱满，思想集中，随时接待客人。最好请客人就座，舒适的座椅可减轻客人的疲劳。对客人要笑脸相迎、主动招呼，热情问候。要有问必答，百问不厌，用词得当，简洁明了。自己能回答的，不要推给别人来回答。

对酒店设施、各部门服务时间和具体位置等情况应详细回答清楚。要熟悉业务，不能说“也许”“大概”之类没有把握或含糊不清的话。对不清楚的问题，不要不懂装懂，也不要轻率地说“我不知道”，而应该请客人稍等一下，然后向有关人员请教，问清后再给客人答复。对客人提出的问题，经过努力仍无法解答时，可向客人耐心解释，求得谅解，并深表歉意，但要尽量避免这样的情况发生。

如多人同时问讯，应先问先答，急问快答，按具体情况做出反应，避免怠慢。

在回答客人的问讯时，要做好客人的参谋，如果客人要求，要热心地为他们提供游览景点、往返路线、风味小吃、购物场所等信息。

受理来电查询，应热情帮助。件件事情要有结果、有回音。如不能马上回答，对来电的客人应讲明等候时间，以免对方久等而引起误会。对住店客人的来电要认真对待并帮助办理有关事宜。

对要求预约出租车等事宜，应随时做好书面记录，并把房号、姓名、时间告知车队。

在任何情况下都不得讥笑、讽刺客人，不得与客人争辩，绝不允许言语粗俗，举止鲁莽。在客人因误解、不满而投诉时，要以诚恳的态度耐心听取客人的意见，不要中途打断其谈话。

二、接待住宿

要热情问候每一位来店客人，应停下手中事情，双目正视对方，以“您好，欢迎光临”等话欢迎客人的到来。

听清客人的要求后，请其填写住宿登记单，并根据客人要求和客房实际情况，尽量满足客人的需求。如客人的要求无法得到满足，不能简单地以“不行”了事，应向客人致歉，再提出有益的替代建议供客人参考。

按照有关规定，在接待客人住宿时，应仔细验看客人的有关证件。当确认无误后，应有礼貌地将证件还给客人并致谢，不能一声不吭地将证件扔给客人或是放在柜台上。

对于临时来店住宿的客人，如遇当天已无空房，要向客人做出解释，并主动推荐其他酒店。如有可能，可联系出租车送行，还应热情欢迎客人以后再来，使客人没有被冷落感。

当重要客人进客房后，按照惯例，应予特殊关照。总台接待人员可在部门经理授意下，用电话征询客人的意见，并致“祝您愉快”“有事请尽管吩咐”之类客气的问候，以表示酒店对贵宾的重视和关心。

三、日常服务

如果有客人的邮件，特别是快件，应立即送给客人，不得无故拖延。不能将邮件随意乱塞或漫不经心地扔在柜台上。无论是收取还是发放邮件都要迅速、准确。

凡是承揽了为客人代购各种机票、船票、车票等代办业务的，应尽力按客人的需求去办，如有困难或情况发生变化而不能保证客人按计划拿票，就必须及时向客人说明情况，征求客人的意见，不得擅自替客人做决定。如果确实不能满足客人要求，应实事求是地告诉客人，致歉态度要诚恳，不要随便编造理由来糊弄客人。

总台接待人员每天都要接到住店客人因各种事由打来的电话，接电话时要注意使用敬语，如“您好，这里是总台，请问有什么事我能服务吗”等，而不要用“喂，谁呀”“你找谁”“干什么”等不礼貌的词句。在电话中应答时，要用普通声调说话，声音不要太大。

四、结账告别

客人离店前来总台付款时，应该从尊重客人出发，热情、周到、迅速、准确地尽快办理，不要耽误客人的时间。

客人结账完毕，要向客人致谢，欢迎再次光临。致谢时一定要满怀诚意，面带微笑，不必总是说“谢谢”这样单一的词语，可以适时变换一下致谢用语，如“××先生，我们很高兴与您相处”“下次旅行时，欢迎再次光临”等，以此给客人留下热情好客的深刻印象。

第三节　餐厅礼仪

餐厅在酒店是客人用膳的场所，餐厅服务时间长、需求多，尤需接待人员掌握娴熟的服务技巧和具备良好的礼节，才可以给客人提供满意的服务。

一、迎宾入座

一般来说，在客人到来之前，要有一两名服务员在餐厅门口迎接。较高级的宴会，在客人到来之前，餐厅负责人应带领一定数量的服务员站在餐厅门口迎接，要站姿优美、规范，精神饱满。

当客人离餐厅大门约 1.5 米时，应面带笑容拉门迎宾，并热情问候：“您好，欢迎光临！”

如遇雨天，要主动收放客人的雨具。假如客人戴着帽子或穿有外套，应协助其拿衣帽并予以妥善保管。

对已预订的客人，要迅速查询预订单或预订记录，将客人引到其所订的餐桌。如果客人没有预订，应根据客人到达的人数、客人喜好、年龄及身份等选择桌位。例如，对单独光顾的客人，要为其寻找合适的位置，如靠近窗户的座位；对重要客人，要把他们引领到本餐厅最好的位置；夫妇、情侣来就餐，可以把他们引领到比较安静的角落处入座；服饰华丽、容貌漂亮的女士来就餐，可以把她引领到餐厅比较醒目的地方，这样既可以满足客人心理上的需要，又可为餐厅增添华贵的气氛；年老体弱的客人来就餐，应尽可能将其安排在出入比较方便、离出入口较近的地方；对于有明显生理缺陷的客人，要注意考虑将其安排在适当的位置。如果客人指定坐在某个位置，应尽量满足其要求，如那里被占用，应做解释并致歉，然后再带其到其他满意的位置去。靠近厨房出入口的位置往往不受人欢迎，对被安排在那里就餐的客人要多说抱歉的话。

客人走近餐桌时，应以轻捷的动作用双手拉开座椅，招呼客人就座。服务顺序上应该先主宾后主人，先女宾后男宾。在大的团体里，则应先为年长的女士服务，然后再为其他女士服务。招呼客人就座时动作要和客人配合默契，待客人屈腿入座的同时，轻轻推上座椅，动作要适度，使客人坐好、坐稳。

客人入座后，送上毛巾和茶水。毛巾和茶水都要用托盘端送，递送时要招呼客人："先生/小姐，请!"送茶时切忌手指接触杯口，动作要轻缓。

二、点菜服务

客人坐稳后，值台员从客人的左边把菜单递给客人，对于夫妇，应先递给女士；如果是团体，先递给主人右手的第一位客人。递送的菜单要干净、无污迹，递送时要态度谦恭，切不可随意把菜单往客人手中一塞或往桌上一扔就一走了之，这是极不礼貌的行为。

值台员不要催促客人点菜，要耐心等候，让客人有充分的时间考虑决定。

值台员应对菜单上客人有可能问及的问题有所准备。对每一道菜的特点要能予以准确的答复和描述，如哪些菜是季节性的，哪些是特制的，每道菜需要准备的时间以及菜的装饰，菜的销售情况等。当客人一时不知点什么菜为好时，值台员应为其当好参谋，热情推荐本餐厅的特色菜、时令菜、创新菜等。但要察言观色，充分考虑客人的心理反应，讲究说话方式和语气，不要勉强或硬性推荐，以免引起客人反感。

记录客人点菜时，值台员要注意站立的位置，身体不能紧靠餐桌，手不能按在餐桌上，上身略微前倾，精神集中地聆听。当主人表示由客人各自点菜时，应先从坐在主人右侧第一位客人开始记录，并站在客人的左侧，按逆时针方向依次接受客人的点菜。

如果客人点的菜在菜单上没有列出，值台员不可一口回绝，而应尽量满足其要求，如可以礼貌地说："请允许我马上和厨师长商量一下，尽量满足您的要求。"如客人点出的菜已无货供应，值台员应致歉，求得客人的谅解，并婉转地建议客人点其他的菜。

三、餐间服务

上菜要严格按照上菜规则进行。要掌握好上菜时机和遵循一定的上菜程序，并根据客人的要求和其进餐的快慢灵活掌握。上菜要从客人的左边上，最好在陪同或翻译之间进行，不要在主宾之间进行。摆菜要讲究造型艺术，注意礼貌，尊重主宾，酒席中的头菜，其看面要正对主位，其他菜的看面要朝向四周；比较高档的菜或有特殊风味的菜，要先摆在主宾位置上。每上一道菜要报菜名并简单地介绍其特色，注意说话时切不可唾沫四溅。

主人或客人祝酒或发表讲话时，应停止上菜，但要及时斟酒。

撤换餐具时，要注意客人是否吃完，如无把握应轻声询问，切不可在客人正在吃时撤餐具，那是很不礼貌的。上、撤餐具要轻拿轻放，动作要优雅、利索。

如有酒水溅洒在客人身上，要及时递送毛巾或餐巾协助擦拭。但如果对方是女宾，男服务员不要动手帮助。

如有找客人的电话，要走到客人旁边轻声告知，不要在远处高声呼喊。

服务员的眼睛应始终注意到餐厅的每一位客人，应通过客人在需要帮助时表现出来的种种迹象（手势、表情、姿势等）判断其需求，并上前询问："先生/小姐，需要帮忙吗?"例如，客人在进餐时定身张望，表明客人有事求助或询问，服务员应主动迎上去给予帮助；客人将烟叼在嘴上，两手在摸口袋时，服务员应主动上前帮忙点火；客人的物品如果不慎落在地上，服务员应立即帮忙拾起，双手奉上，不可视而不见。当客人要求帮助而服务员正在给其他桌上的客人服务时，应对客人打手势或点头微笑，表示自己已经知道，马上就能去服务。

对有醉意的客人要特别关照。

值台时要坚守岗位，站姿规范，不依墙靠台，不搔首摸耳，不串岗闲聊。

整个餐厅的清扫工作应在所有客人离去后进行。

四、结账送客

把账单正面朝下放在小托盘上，从左边递给宴会主人。一定要等客人吃完甜点或客人要求结账时方可呈递账单，不可在进餐中把账单递给客人。当客人付款后要表示感谢。

客人起身离座时，应主动上前拉椅方便客人离开。客人出门前要提醒其不要遗忘随身物品。帮助客人取来帽子和大衣时，可借此机会了解客人对饭菜是否满意等。如果有令客人不满意之处，应向客人解释并表示歉意。记住对将离店的客人说一声"再见，希望您再次光临"的告别语。

第四节　客房礼仪

酒店是客人的"家外之家"，客房是住店客人的主要休息场所。客房服务员承担着客人的大部分日常生活服务工作，在与客人的交往中要十分注意礼仪，提高客房服务的水平和质量，给客人提供安全、安静、清洁、舒适、温馨的居所。客房服务员在服务中主要要做到以下几个方面。

进房打扫卫生通常在客人外出后进行，开门前必须轻轻敲门。敲门的规范动作是：用右手的中指和食指关节轻轻敲三下门，若无回音，过五秒钟再敲三下，第二次敲后仍无回音，便可开门进房。但若敲门后听到房间内有客人的问话声，应立即报上自己的身份，如"我是客房服务员"。进入房间后应说明来意，征得客人同意后方能打扫卫生。打扫房间卫生时，要开着房门。若开门后发现客人正在睡觉，则应马上退出，轻轻将门关上。

当房门上挂着"切勿打扰"的牌子时，不要擅自闯入。

在客房内工作，不得擅自翻动客人的物品，更不得向客人索取任何物品。如进房打扫卫生，打扫后要物归原处，切勿移位。

在服务过程中不得在客房内看电视、听音乐。除发生意外情况，不要使用客房的电话。凡打到客房内的电话，一律不要接听。

被客人唤进客房，要让门半掩着。客人请你坐下，要婉言谢绝。

不得向客人打听年龄、收入、婚姻状况等私人情况。如有客人在交谈，不要插话，更不能趋前旁听。

工作时，不要与别人闲聊或大声说话。夜晚讲话要轻声细语，不能影响客人休息。

不要在走道上奔跑，以免造成紧张气氛。在过道内行走不要并行，更不能搭肩搂腰。

在工作中，如客人挡道，要客气地招呼，请求协助。

平时遇到客人外出或回房间，都要微笑点头示意或问候、打招呼，切勿视而不见，不予理睬，这是极不尊重客人的行为。

不可与其他服务员聚在一起议论客人，更不可给客人起绰号。

客人接待来访者，要及时根据客人的要求，备足茶水。

不应当着客人来访朋友的面要求客人付账。

要为客人及时提供各种周到的服务。例如，及时向客人传递邮件和书报杂志；为客人洗烫衣物不遗忘、不耽搁收取时间，不弄错，不弄脏；客人如有身体不适，要主动询问其是否需要诊治。最好能在客人想到之前，尽量满足客人提出的一切正当要求。

不得先伸手与客人握手。不抱玩客人小孩。与客人不要过分亲热。与客人交谈要注意文明礼貌。

第六章 民族和宗教礼仪

❑ 学习内容

- 民族礼仪
- 宗教礼仪

现代社会，人们的交际圈大了，人与人之间的距离缩小了，日常生活和工作中，旅游工作者不可避免地会与各种肤色的人（其中包括不同民族、不同宗教信仰、不同国家的人）打交道。与不同的人打交道，实质是与不同的文化打交道，因此常常会涉及礼仪的问题。

民族与宗教是两个不同的概念。民族属于社会族群形态，宗教属于精神信仰形态。民族与宗教各自有其发展变化的规律。然而，民族与宗教又是密不可分的。例如，中国的少数民族信教人口比重大，许多少数民族有着全民信教的传统。

民族和宗教问题都关系到国家的稳定与发展。民族和宗教问题在国内外现实生活中的影响越来越大，由民族和宗教矛盾引发的地区性冲突有上升的趋势。国内的民族和宗教领域，总的情况是健康和安定的，但也有矛盾和隐患，这直接关系到民族团结、社会和谐与社会主义建设事业的发展，因此需要高度关注。民族和宗教礼仪相应地也应该引起人们的足够重视。

第一节 民族礼仪

我国是一个多民族所组成的社会主义大家庭，全国共有 56 个民族，其中汉族人口占总人口的 90%以上，少数民族的分布比较广，所在地区占全国总面积的 50%～60%。

我国有一些少数民族自治区，如内蒙古自治区、西藏自治区、宁夏回族自治区、新疆维吾尔自治区、广西壮族自治区，还有一些自治州、自治县。人口相对比较多的少数民族有满族、蒙古族、维吾尔族、回族、藏族、朝鲜族、壮族、土家族、苗族等。

民族礼仪主要有两部分内容：民族政策和民族习俗。

一、坚持民族政策，正确处理好民族关系

坚持民族平等和民族团结，促进各民族共同发展，这是我国的基本方针政策，也是我国宪法的基本要求。

《中华人民共和国宪法》中明文规定："中华人民共和国各民族一律平等。"我国各个民族的文化都有自己的优秀之处，各民族都涌现过一些伟大的英雄豪杰，坚持民族平等是第一要旨。

二、要重视民族习俗

"礼出于俗，俗化为礼"，礼仪与习俗是密不可分的。作为旅游工作者，在与不同民族的人士交往时，要有民族意识，应该多了解一些民族习俗方面的知识，并尊重不同民族的习俗。

民族习俗主要有两个方面：一个方面是"讲究"，是正面的要求；另一个方面是"禁忌"，是犯忌讳的话或行动，如满族不能打狗、骂狗，蒙古族家里有产妇或病人时忌接待客人来访等。对交往对象独特的民族习俗是否尊重，就表明对其所属的民族是否尊重。因此，必须重视民族习俗。

民族习俗包括饮食、服饰、居住、节庆、交际、婚丧嫁娶等多个方面，这里仅各举数例论述之。

（一）饮食习俗

民以食为天，很多民族都有自己的饮食禁忌。

例如，众所周知，有些民族不吃猪肉，这些民族共同的特征是信仰伊斯兰教。同时，伊斯兰教信徒也不吃狗肉，凡是外貌凶悍、丑陋，生獠牙及食腐肉的动物，都在他们禁食之列。有些民族，比如朝鲜族，却非常喜欢吃狗肉。中国有句俏皮话："朝鲜人过年——要了狗命了。"其实，按朝鲜古老的风俗，赶上年节或者红白喜事是绝对不允许杀狗的。

（二）服饰习俗

"十里观人，百里观衣"中的"百里观衣"实际上就是服饰礼俗的问题，旅游工作者对各民族的服饰习俗要有所了解，才不致在工作中出现纰漏。

比如衣服的颜色，在汉族和我国的很多民族中，讲究白色和黑色是凶色，丧服一般都用白色、黑色。但有些民族，如朝鲜族、蒙古族、藏族、回族、白族等，是颇青睐白色的。而拉祜族、壮族等，则以黑色为时尚，服装大都以黑色为底色。

又如衣服的款式更是多种多样、各具特点，如满族的旗袍、蒙古族的蒙古袍、彝族姑娘的三节裙、纳西族女性的披星戴月羊皮披肩等，都有自己的个性和文化渊源，可谓五彩缤纷。

（三）居住习俗

在不同地区，生产方式不同的民族居住习俗也各有讲究，如大部分的农耕民族住固定的房屋，而一些游牧民族则住可移动的帐篷。

南方民族一般睡床，东北的满族则睡炕，西南地区一些少数民族住吊脚楼，这些都跟地理环境和气候有关。

华北地区汉族有一个说法“房前不种桑，屋后不栽柳”，这主要是跟语言文化有关，因为“桑”和“柳”发音不吉利。

（四）节庆习俗

各民族的节庆习俗丰富多彩。比如，春节这个传统节日，不仅汉族过，还有一些民族也过，如彝族、壮族、藏族、蒙古族等。又如，有过火把节习俗的民族有彝族、白族、纳西族、傈僳族、拉祜族、哈尼族等。我国绝大多数少数民族都能歌善舞，所以节庆活动都开展得有声有色。

还有一些跟宗教有关的民族节庆活动。比如，信仰伊斯兰教的民族都过开斋节和宰牲节，而生活在我国的俄罗斯族则以基督教文化的复活节和圣诞节为自己的传统节日。

（五）交际习俗

交际习俗即与人交往的习俗，各民族也是多种多样。比如见面时，古时汉族行拱手礼，现在一般行握手礼；西双版纳的傣族行合十礼；朝鲜族行鞠躬礼；穆斯林行按胸礼等。

（六）婚丧习俗

各民族的婚丧习俗五花八门，有些生动有趣，有些则令人匪夷所思。无论如何，都应充分尊重不同民族的习俗，而不宜随意加以非议。

比如，有些民族直到现在还盛行“抢婚”习俗，如哈尼族和纳西族等，当然这只是假抢，营造气氛而已。又如，还有的民族实行“阿夏走婚制”，如泸沽湖畔的摩梭族。在那里，“男不娶，女不嫁，不分家”，形成母系家庭中没有夫妻关系、婆媳关系和妯娌关系，孩子跟母亲姓、由舅舅帮助扶养的生活形态。他们重女不轻男，尊老爱幼、母掌财权、舅掌礼仪，一家人和睦相处。

在丧葬习俗方面，有的民族讲究人死了之后要厚葬，如汉族，出殡不仅要请人择黄道吉日还要讲究排场，有的地区对于没有嫁娶的死者还有配阴婚的习俗；而有些民族则讲究薄葬，如信仰伊斯兰教的各民族，人死了之后只用白布包裹，且必须在极短的时间之内埋葬。还有的民族，如藏族实行塔葬、火葬、水葬甚至天葬，即人死之后将其解剖，任飞鸟食尽其骨肉。

第二节　宗教礼仪

在当今世界，一些宗教已经成为区域性、民族性的宗教，其中还有的成为一些国家法定的国教。在这些地方，宗教不仅已经成为当地风土人情的一大内容，而且还关系着民族的情感与国家的尊严。因此，旅游工作者在人际交往和对客服务中，必须注意自己对于交往对象所信仰的宗教及其礼仪习俗的态度。

目前我国旅游工作者接触相对较多的宗教主要有佛教、道教、基督教、伊斯兰教、印度教、犹太教等。

与民族礼仪一样，宗教礼仪也有两大方面的要求：宗教政策和宗教习俗。

一、遵守我国有关宗教的宪法和法律

《中华人民共和国宪法》规定，中华人民共和国公民有信仰宗教的自由，也有不信仰宗教的自由。对信者与不信者要一视同仁。

我国宗教活动强调独立自主，自办教会。在任何情况下，反对外国势力和外国宗教团体干涉我国宗教内部事务。

宗教活动要限制在特定的活动范围之内。合法的宗教信仰者在合法的场所，如宗教寺庙以及信徒家中可以进行宗教活动，但不能在公共场所进行宗教活动。

二、要具有基本的宗教知识

下面对影响力最大的世界三大宗教即佛教、基督教、伊斯兰教，按其产生的先后顺序做一些相关介绍。

（一）佛教

佛教在世界三大宗教中出现最早，公元前 6 世纪由古印度迦毗罗卫国净饭王太子乔达摩·悉达多创立，到现在已有 2000 多年的历史。

1．佛教的教派

（1）大乘佛教和小乘佛教

大乘佛教发展较晚，它的基本教义是，只要诚心信仰，众生皆可修成正果，强调普度众生。而小乘佛教则讲究自我解脱，不讲究普度众生。

（2）北传佛教、南传佛教和藏传佛教

佛教的一个分支以大乘佛教为主，从印度、尼泊尔向北边，到达中国、韩国和日本，叫北传佛教。还有一个分支以小乘佛教为主，往南边到达缅甸、泰国、柬埔寨、老挝等国，叫南传佛教。佛教从印度传到中国的西藏地区、蒙古后，与西藏的苯教结合，形成藏传佛教（即喇嘛教）。

南传佛教与北传佛教既有共识，也有很多不同。例如，北传佛教僧侣不婚配，不杀生，不食肉；南传佛教，如泰国、缅甸的佛教徒就可以结婚、吃肉，但是自己不杀生。

2．佛教的教义

佛教四谛：苦谛认为现实是不完美的，充满了烦恼和痛苦；集谛是对造成烦恼与痛苦原因的分析；灭谛是佛教出世间的最高理想——涅槃；道谛是达到涅槃的修行方式。

佛教徒忌以怨报怨。在他们看来，以怨报怨，怨恨非但不能冰消瓦解，反而越结越深。

佛教有五戒、八戒、十戒等戒律。

佛教经典被称为“藏”，全部经典分为经藏、律藏、论藏三个部分。

佛教标记为“万”字符、法轮。

3．佛教的节日

佛教的传统节日主要是佛诞节，就是传说中乔达摩·悉达多诞生的日子，在清明节之后的七天左右，要过好几天。在傣族聚集的区域如西双版纳、丽江以及缅甸、泰国，后来就演化为泼水节了，人们以互相泼水洗涤尘埃、驱除妖魔。

4．佛教的禁忌

（1）要尊敬佛祖和佛教的信众

不可亵渎佛祖、侮辱信徒。

购买佛饰时忌说“购买”，可用“求租”或“尊请”之类的词，否则被视为对佛祖的不敬，会招来灾祸。

与佛教徒交往要注意以善为先，不要评说宗教问题。

佛教徒不行握手礼，故不要主动伸手与僧众相握，尤其注意不要与出家的尼众握手。以合十礼为宜。

不要踩和尚的影子。

不要摸和尚的头。因为佛教徒相信每个人头上都有神灵，被人摸头或以手挥过头顶，将使神灵之光黯淡无神，因此切记和尚头不可摸。

（2）到寺庙去要遵守规定

佛寺历来被佛教徒视为清净圣地，所以进入山门时，不能使用任何交通工具。

衣履要整洁、保守，态度要诚恳。

我国汉族地区的佛教全部主张素食，忌酒和葱蒜，否则是对佛的大不敬。为保持佛门清净，严禁将一切荤腥带入寺内。

不要踩寺庙的门槛，进入寺院后，举止检点，慢步轻声，不乱跑，不乱闯。

非信徒不要与僧侣同座。

当寺内要举行宗教仪式时，不能高声喧哗以及做出其他干扰宗教仪式或程序的举动，如攀援佛像或随便拍照。

佛教把单数看成吉数，所以上香时，必须是单数。

（3）不同国家、地区的教派禁忌不同

在缅甸，佛教徒有不杀生与放生的习俗，忌穿鞋进入佛堂与一切神圣的地方。因为他们认为制鞋用的是皮革，是杀生所得，并且鞋子踩在脚下是肮脏的物品，会玷污圣地。

在老挝，佛教徒守持五戒，一般不吃素，只禁人、象、虎、豹、狮、马、狗、蛇、猫、龟 10 种肉。

在日本，有佛事的祭祀膳桌上禁忌上带腥味的食品，同时佛教徒忌食牛肉。忌妇女接触寺庙里的和尚，忌妇女送东西给和尚。

在中国，佛教徒忌别人随意触摸佛像、寺庙里的经书、钟鼓以及活佛的身体、佩戴的念珠等被视为“圣物”的东西。流行于我国傣、拉祜、布朗、德昂等少数民族中的南传上座部佛教另有一些禁忌。例如，在德昂族中，在“进洼节”（关门节）、“出洼节”（开门节）和“做摆”（庙会）等宗教祭日里，都要到佛寺拜祈三天，忌讳农事生产；进佛寺时要脱鞋；与老佛爷在一起时，忌吃马肉与狗肉；妇女一般不能接近老佛爷，也不能与老佛爷谈话；德昂族传说“活佛”飞来时先落于大青树上，然后才由老佛爷请进佛寺，故视大青树为“神树”，忌砍伐。

（二）基督教

基督教是由犹太教发展而来的，由耶稣在公元 1 世纪创立。

1．基督教的教派

基督教在发展的过程中，由于信徒对教义理解的不同，形成了不同的教派。

（1）天主教

天主教也称罗马公教，除信仰天主和耶稣基督外，还特别尊崇圣母玛利亚。天主教以梵蒂冈为中心，以罗马教皇为上帝在世间的代表，讲政教合一，认为教皇具有绝对权威，且教徒忏悔必须去教堂。天主教所有神职人员强调独身主义和禁欲主义。

（2）东正教

东正教拘泥于古代基督教会的教义、礼仪，是基督教教派中较为保守的一派，主要分布在中欧、东欧，如俄罗斯、波兰、罗马尼亚、保加利亚等地。东正教信奉天主、基督和圣母，不承认罗马教皇有高出其他主教的地位和权力。

（3）新教

新教又叫“耶稣教”，从天主教内部脱离出来，教徒在英国、北欧比较多。新教反对教皇绝对权威，也不尊圣母玛利亚为神，且认为教徒可以与上帝直接沟通。新教的教职称为牧师，神职人员可以结婚。

2．基督教的教义

基督教崇拜上帝，提倡自由、平等、博爱。

基督教的经典是《圣经》，分为《旧约》和《新约》两部。所谓“约”，是指上帝和人们所订立的盟约，如《圣经》里有上帝与亚当之约、与诺亚之约、与摩西之约等。

基督教的标记是十字架。东正教多用正方形十字架，天主教和新教多用长方形十字架，天主教的十字架上有耶稣受难像，而新教的十字架上没有耶稣受难像。

3．基督教的节日

由于使用的历书不同，基督教三大教派的节日也不完全一样，主要有下面三个节日。

1）圣诞节。圣诞节是纪念耶稣诞辰的节日，是基督教最隆重的节日。随着基督教的广泛传播，它已由一个纯宗教节日演变成一个世界性的重大节日，时间为公历 12 月 25 日。

2）复活节。耶稣为赎世人的罪，被钉死在十字架上，后来复活升天。为了纪念耶酥的复活，信徒们在复活节要举行斋戒，不吃肉食，不用刀叉进食，减少娱乐。复活节的时间是每年春分月圆之后的第一个星期日。

3）受难节。受难节是在复活节前的星期五，这一天现在已经变成了一些国家的公众假期，银行、商店大多不开门。不少基督徒会在这一天戒食，以纪念耶稣在这一天受的苦难和牺牲。在大约下午三点的时候，教堂会有祈祷或者恳谈会，因为耶稣是在这个时刻死去的。有些基督徒会背着十字架在大街上游行而后走进教堂。教堂在这一天会把壁画以及装饰都用布蒙起来以示悲恸。在受难节这一天，人们常常会吃复活节传统食品十字面包，即上面有十字架形的圆形圣糕。

4．基督教的禁忌

基督教只崇拜上帝，忌拜别的神，忌造别的偶像，忌妄称上帝的名字。

不宜对基督徒尊崇的上帝、基督以及圣事说长道短。例如，向基督徒赠送的礼品上，不应有其他宗教信仰崇拜的偶像。

不要混淆其不同教派的不同教条。比如，“神父”与“牧师”就是天主教与新教对神职人员的不同称呼，二者是不可混为一谈的。

基督教的教堂允许非教徒参观。进入教堂后，应当脱帽，并不得乱打、乱闹，大声喧哗，不得妨碍正在进行的宗教活动。

基督徒在用餐前多进行祈祷，在饮食方面的禁忌较少，通常忌吃蛇、鳝等爬行动物，认为它们是魔鬼的化身。只是在节日时对饮食有一些规定，如受难节时信徒们要举行斋戒，不吃肉食，不用刀叉进食，减少娱乐。

基督徒讨厌数字“13”，因为耶稣死前与12个门徒最后的晚餐就是一共13个人。所以，在信仰基督教的欧美国家，非常忌讳宴席上13个人同桌，影剧院不设“13排（号）”，街道的门牌没有“13号”，酒店楼层的“13”用“12A”来替代，船只起航、飞机试飞，甚至一些庆典活动都避开“13日”这一天。基督徒也不喜星期五，认为不吉利，因为耶稣的受难日正好是星期五。如果“13日”和“星期五”恰巧是同一天，基督徒常常会闭门不出，在这期间千万别打扰他们。

（三）伊斯兰教

伊斯兰教是在公元7世纪，由穆罕默德在今天的沙特阿拉伯境内所创立的。其信仰者较多，尤其在西亚地区、北非地区和东南亚地区。伊斯兰教的信徒称为“穆斯林”，即“顺从者”的意思。

1. 伊斯兰教的教派

伊斯兰教主要分为逊尼和什叶两大派系，也有其他一些派系，如哈瓦利吉派和穆尔吉埃派等。逊尼派被认为是主流派别，又被称为“正统派”，信徒分布在大多数伊斯兰国家，中国穆斯林也大多是逊尼派；什叶派的信徒主要分布在伊朗，还分布在其他一些国家和地区，比如伊拉克等国。两派的区别主要在于对穆圣继承人的合法性的承认上。

2. 伊斯兰教的教义

伊斯兰教清真言：“万物非主，唯有真主，穆罕默德，安拉使者。”所谓“真主”就是伊斯兰教所理解的无处不在、无所不知的至高无上的神，而穆罕默德作为创始人，被理解为真主在人世间的使者。

伊斯兰教经典为《古兰经》。伊斯兰教寺庙为清真寺。伊斯兰教标记为新月。

伊斯兰教五功：念功——穆斯林在一切重要的宗教活动场合都要表白信仰，念诵“清真言”；礼功——穆斯林每天要面向麦加方向做五次礼拜；斋功——伊斯兰教历9月全月斋戒；课功——征收国家宗教税，用以救济穷人；朝功——有条件的穆斯林，一生中至少应去麦加的克尔白圣殿（意为“真主的房子”，我国称为“天房”）朝拜一次。

3. 伊斯兰教的节日

伊斯兰教主要节日有开斋节和宰牲节。

开斋节一般为教历10月1日。在斋月的最后一天寻看新月，见到新月则第二天开斋，未见新月则顺延，但不超过3天。届时，穆斯林要前往清真寺参加会礼，礼后还有其他节庆活动。

宰牲节在教历 12 月 10 日。据传，一天真主安拉要易卜拉欣（《古兰经》中典故人物，穆斯林信奉的先知之一）杀掉自己的独生子，献祭给他（真主），以考验易卜拉欣的忠心。易卜拉欣答应了真主，正要杀掉自己的儿子时，真主阻止了他，以一头羊作为代替。这一天被伊斯兰教作为最盛大的节日来纪念。

4．伊斯兰教的禁忌

伊斯兰教禁忌较多，主要有以下几个方面。

（1）饮食禁忌

伊斯兰教对饮食要求非常严格，如禁食动物血液；不吃猪肉，也忌用猪的形象作为装饰图案；不吃没有颂真主之名而宰的动物肉；禁食马、驴、骡、虎、狼、豹等面相丑陋的偶蹄动物肉。

穆斯林禁酒、喜茶，接待穆斯林客人时，最好用罐装饮料。非清真的餐具、茶具，也不能用以招待穆斯林。

（2）服饰禁忌

伊斯兰教认为男子肚脐以下是羞体，妇女全身都是羞体。穆斯林男子不能穿短裤，且头上必须戴无檐小帽。穆斯林妇女不仅把身体裹得严严实实，还要头戴盖头。有些国家的妇女除戴盖头外，还戴面纱，只露出双眼，不戴面纱的妇女忌进清真寺。妇女与外界接触也受到很多限制，非伊斯兰教信徒女性去穆斯林国家也要注意自己的着装。

（3）行为禁忌

伊斯兰教严禁赌博、求签，认为这都是恶魔的行为。

非穆斯林人士进入清真寺，不能袒胸露背，不能穿短裙和短裤。

非穆斯林人士一般不要主动与穆斯林妇女或少女握手。

不经阿訇等寺内宗教职业人士批准，非穆斯林人士不准进入礼拜大殿，不准拍照。清真寺内严禁穿鞋进入。

穆斯林在做礼拜时，必须净身。

在穆斯林做礼拜时，无论何人何事都不能喊叫做礼拜者，也不能在做礼拜者面前走动，更不能唉声叹气和无故清嗓子，严禁大笑、吃东西。

教历 9 月穆斯林进行斋戒，每日从日出到日落禁止饮食、房事，在斋月期间尽可能不要打扰穆斯林守斋。

忌男女当众拥抱、接吻。

交谈时，不要用穆斯林禁忌的字词，如“猪”“杀”“死”等。

许多穆斯林认为人的左手不洁，所以与之握手或递送物品时不能用左手，尤其不要单用左手。

伊斯兰教禁止偶像崇拜，所以在伊斯兰建筑艺术与其他艺术作品中，只能看到绘制的植物或几何图形。在一些传统的穆斯林国家，见不到电影、电视，不能够随便拍照。送穆斯林雕塑、画像、玩偶或请其看电影、录像、照片都是不允许的。

禁止近亲之间的通婚，忌与宗教信仰不同者通婚。

穆斯林殡葬从速、从俭，不用任何陪葬物，不用棺椁，只用洁净的白布包裹遗体。

第七章
国际礼仪

□ 学习内容

- 文化差异与国际通则
- 我国主要客源国和地区礼仪习俗

旅游接待工作是面向世界的工作，旅游公关活动涉及不同的地区和不同的文化背景。在旅游接待工作中，既应明白国际通行的惯例，也应了解各国间文化的差异。不同文化背景下的个体，其思维方式、价值观都不一样。只有了解不同文化背景下，世界各国各地区不同民族的习俗、宗教信仰、生活习惯、禁忌等，才能使旅游接待工作顺利开展，使接待工作中的礼节、礼仪达到更高的层次。

第一节 文化差异与国际通则

一、文化差异

不同国家和地区之间的文化往往存在较大差异，以下从各个方面列举了一些容易造成人际交往障碍的文化现象。

（一）语言文化

语言是社会文化的直接反映，在社会交往中若忽略了这一事实，即使使用的是合乎规范的礼貌用语，也会事与愿违，产生误解、不快甚至难堪。因此，包括礼貌用语在内的语言行为，一定要考虑彼此的文化接受。

1. 提建议的方式

无论是东方人还是西方人，都喜欢向自己的亲朋好友提出一些友好的建议，以示关心和爱护。但东西方人向别人提建议的方式却有很大差异。

东方人向朋友提建议和劝告的时候往往都非常直接，常用带有命令口气的词，如“应该”“不应该”“要”“不要”等。例如，中国人喜欢用这样的语言来表示对别人的关心：“天气很冷，你要多穿点衣服，别感冒了！”“路上很滑，你走路要小心！”“你要多注意身体！”

“你该刮胡子了！”“你该去上班了！”等。

西方人在向亲朋好友提建议的时候，措辞则非常委婉。比如，“今天天气很冷，我要是你的话，我会加件毛衣”“你最好还是把胡子刮了吧”一般来说，双方关系越接近，说话的语气越直接。但即使是最亲密的人之间，也不会使用东方人常用的命令语气。否则，会被认为不够尊重对方的独立人格。

2．回应的方式

（1）面对道谢时

在旅游服务过程中，常令外国旅游者反感的是中国的一些翻译、服务员、导游员在接受道谢时，习惯按照汉语说：“That is my duty（这是我的职责）！”让客人很不愉快。因为在英语里，这句话有“责任在身，不得已而为之”的意思。面对道谢，西方人最常见的表达方式是：“My pleasure（这是我的荣幸）！”如此，会让道谢的人感到自己非常受尊重，从而产生极大的心理满足感。

（2）面对夸奖时

在面对别人的夸奖所采取的态度上，东方人的谦虚谨慎也表现得淋漓尽致。例如，中国一位导游小姐在接待一英国旅游团时，其中一位英国女士对其服务态度、语言水平及讲解内容评价颇高，便夸奖导游小姐说：“你的英语讲得好极了！”导游小姐马上回应说：“我的英语讲得不好。”这位英国女士一听很生气，并说：“英语是我的母语，难道我不知道英语该怎么说？”这是东西方文化差异影响了彼此的交流而造成的误解。

西方人没有自谦的习惯。他们认为，一个人要得到别人的承认，首先必须自我肯定。西方人率直、崇尚个性自由的特性表现在对待赞美的态度上就是喜形于色，总是用“谢谢”来回应别人对自己的赞美。

3．告别语句

比如，在告别时，中国人除了说“再见”“一路顺风”等外，更多的时候还会说“走好”“慢走”等表示关切的话。这对西方人来说非常奇怪：“难道我不会走？”对开车而来的人叮咛“Be careful（小心点）”则会引起对方的不快，认为你对他的驾驶技术不信任，在对他指手画脚，发号施令。

4．面对“老”字

随着年龄的增长，大多数东方人在心态上逐渐趋于平和稳定。对于“老”字的认可正突出了这一特点。“老”在东方，尤其在中国是褒义，在称呼前面冠以“老”是一种尊称。例如，经验丰富的技术工人被人称作“老师傅”，德高望重的学者被人称为“×老”等，即使一般的年长者也都被尊称为“老大爷”“老大娘”；而“姜还是老的辣”“老当益壮”等词语，则更是对“老”字的一种赞美。这是东方人对现实和现状的态度的反映。

西方人独立意识强，不愿老，不服老。譬如，冬天，电影院常有女观众戴着帽子看电影，影响后面观众的视线，放映员为此多次打出字幕“影片放映时，请勿戴帽”，但无济于事。后来，把字幕换成“本院为照顾衰老高龄的女观众，同意她们观影时照常戴帽，不必摘下”，通告一出，所有的女观众都摘下了帽子，显然她们不愿意被别人看成衰老高龄的女观众。

5．虚话与实话

受传统文化的影响，中国人在日常生活中，往往出于礼貌而说不少言不由衷的虚话。

比如，中国人在别人家做客，主人请客人多吃一点，客人常说“吃饱了”，待主人一请再请，客人才继续动筷。而在英美人家，主人请你喝饮料、吃点心，如果你确实又饥又渴却要说“不渴”“不饿”，那么主人是不会多次请你的，因为他们会将此话当真。

又如，在宴请时，按照中国的习惯，明明饭菜做得特别讲究，主人却说：“粗茶便饭，没有什么菜招待大家，请随便吃。”而这话如果对西方人说，他们就会觉得很奇怪：“既然没什么菜，怎么请我来吃？”他们往往会说“我用最好的菜招待你了”来表达他们的诚意。

中国人往往还喜欢说些“有空请到我家喝茶”或“在这儿吃饭吧”之类的客套话，英美人听后却以为这是实实在在的邀请。

因此，国际交往一定要明白内外有别，交往应以对方为中心，要接受对方，尊重对方。不要以己之心度人之腹，不要将个人的经验推而广之。为了避免误会，与英美人交谈应直言不讳，实话实说，虚话不说。

（二）思想观念

1．着装观念

在着装和化妆方面，东方人与西方人同样表现出较为明显的差异。东方人到了一定的年纪，在服装的选择上便逐渐趋于保守，往往不再选择鲜艳、亮丽的色彩，而偏向于中性色或中性偏冷色，如灰色、深蓝色、黑色等，对鲜艳的红色、黄色、大花系列不敢问津，否则便会担心别人说自己“老来俏”或“老不正经”等。而老年人在化妆品的使用上，则更是慎之又慎、少之又少了。

西方老年人在服装的选择方面新潮大胆，无论多么亮丽鲜艳的服装，只要他们喜欢，都敢买来穿在身上。西方人在化妆品的使用上呈年龄上的倒挂状态。年轻女性崇尚自然美，若不是出席正式场合，她们一般都是素面朝天，不施粉黛；而上年纪的女士每天都要精心化妆，将自己装扮一新之后才愿出门。

2．颜色观念

在不同的文化中，色彩的联想义是有区别的。

比如，在西方人们将白色与“纯洁”相联系，因此结婚礼服用白色；而在中国人们则将它与“朴素”相联系，所以服丧时用白色；在摩洛哥，白色代表“贫困”，所以摩洛哥人忌白色。

又如，红色在中国代表“喜庆”，在英国代表“恐怖”，在俄罗斯则代表“勇敢”。

再如，绿色一般来讲是表示生命的颜色，特别在一些伊斯兰教国家，在自然环境条件的限制下，绿色就象征着生命，他们对绿色有一种特殊的爱好。但绿色在日本却象征不祥，在西方不少国家也习惯认为嫉妒的恶魔是绿色的。

3．时间观念

不同文化在时间观念方面迥然不同。

西方人大多时间观念很强，日程安排很紧凑。他们认为守时是一个人修养的基本部分，认为不守时是最不能容忍的失礼行为。因此，如果要拜会或是宴请西方人，一定要提前预约，预约时间通常提前一周以上，否则是很没有礼貌的行为。如果没有预约而突然拜访，或是临时约请对方，对方一般会拒绝。如果让一个美国人等候 30 分钟，他一定会勃然大怒。

西方人还严格区分工作时间和业余时间。下班时间、休假时间不打电话谈论工作，甚至在休假期间断绝非生活范畴的交往。如果是工作交往，应选择在对方的工作时间里进行；如果是私人交往，就要选择在对方下班的时间里进行。西方人的这种时间观念值得东方人学习和借鉴。

东方人的时间观念不是太强，没有预约的突然造访和临时约请都相当普遍。即使提前预约，也往往在一周以内。职场人士在时间分配上往往公私不分，下班以后谈公事或是上班时间谈私事都很常见。对非洲一些国家而言，开会迟到、让人空等、无故失约等都可以是预料中的事。因为对他们来说，时间并不宝贵。在中国，如果去看一个朋友，一般是想什么时候去就什么时候去。如果是比较熟悉的朋友，就可以不管别人有事没事，一聊就是半天。

4．礼品观念

西方人（除拉美人）不是很重视礼尚往来，尽管他们也常常在节日、生日和拜访时向亲朋好友赠送礼物。他们一般不看中礼品的价值（因而喜欢赠送一些小礼物），认为向朋友赠送礼物不是为了满足朋友的某种需求，而只是为了表达感情。

另外，在送礼的方式上，东西方也存在明显的差异。西方人在收到礼物的时候，一般要当着送礼人的面打开礼物包装，并对礼物表示赞赏。如果不当面打开礼物包装，送礼人会以为对方不喜欢他送的礼物。

东方人，尤其是中国人，大多比较看重礼品的价值。礼品的价值一定程度上代表了送礼人的情意。此外，大多人不会当着送礼人的面打开礼物包装，除非送礼人要求对方这么做。不当面打开包装的目的，也是为了表示自己看中的是相互间的情谊，而不是物质利益。如果受礼人当着送礼人的面打开礼物包装，就有重利轻义的嫌疑了。

5．隐私观念

西方人非常注重个人隐私权。在日常交谈中，大家一般不会涉及对方的私人问题。这些私人问题包括年龄、婚姻、收入、工作、住所、经历、选举、宗教信仰等，还包括个人的私人生活空间。不应随便乱动、乱翻别人房间里的壁橱、抽屉以及桌上的信件、文件和其他文稿。假如别人在阅读或写作，也不能从背后去看对方阅读和写作的内容，即使对方只是在阅读报纸和杂志。

东方人的个人隐私观念比较淡薄，特别是在亲朋好友之间，大家喜欢不分你我，共同分享对方的私人生活。尤其长者，往往可以随意问及晚辈的私人生活以显示关心。

（三）性格特点

东方人性格谦虚、谨慎、含蓄、内向，譬如在送礼这一较为普遍的社会交往习俗中，尤其是中国人和日本人，尽管费尽心机，精心挑选，但在受礼方面前总是谦虚而恭敬地说“微薄之力，不成敬意，请笑纳”之类的话；而在受礼时往往只说“谢谢”，却从不马上打开礼物，唯恐礼物过轻或不尽如人意而伤对方的面子或显得自己重利轻义而失礼。

西方人大都非常直率，无论是主人还是客人都无须客套。当客人上门了，主人会直截了当地问对方“想喝点什么”；如果客人想喝点什么，可以直接反问对方“你有什么饮料”，并选择一种自己喜欢的饮料；如果客人确实不想喝，会说“谢谢，我不想喝”。在餐桌上，主人会问客人“还要不要再来点”，如果客人说“够了”，主人一般不会再向客人劝吃劝喝。

（四）餐饮习惯

中国有句话叫“民以食为天”，将吃饭看作头等大事。中国菜注重菜肴色、香、味、形、意俱全，甚至于超过了对营养的注重，只要好吃又要好看，营养反而显得不重要了；西方的饮食比较讲究营养的搭配和吸收，而忽略了食物的色、香、味、形、意如何，他们的饮食更注重生存和健康。

在就餐的形式上，中餐采用合餐制，人们围着圆桌而坐，所有的食物摆在桌上，大家在同一个盘里夹菜。西餐采用分餐制，在一定程度上保证了食物的清洁性，降低了发生感染性传染病的概率。

在餐饮氛围方面，中国人喜欢热闹，除非是在很正式的宴会上，中国人在餐桌上并没有特别注重礼仪；而西方人在用餐时，都喜欢幽雅、安静的环境，认为在餐桌上的时候一定要注意自己的礼仪，不可以失礼，如在进餐时不能发出声音。

中西方宴请礼仪也各具特色。在中国，从古至今大多都以左为尊，在宴请客人时，要将地位很尊贵的客人安排在左边的上座，然后依次安排；在西方则是以右为尊，男女间隔而坐，夫妇也分开而坐；女客人的席位比男客人的席位稍高，男士要替位于自己右边的女客人拉开椅子，以示对女士的尊重。另外，西方人用餐时要坐正，认为弯腰，低头，用嘴凑上去吃很不礼貌，但是这恰恰是中国人通常吃饭的方式。吃西餐的时候，主人不提倡大肆饮酒，而在中国的餐桌上酒是必备之物，有时为了表示对对方的尊重，喝酒的时候都是一杯一杯地连续喝。

二、国际通则

在国际交往中，人们为了避免因为各自的文化、历史差异而产生误会、隔阂，而采用并遵守的一些通用的礼仪上的做法，或曰与礼仪相关的“国际惯例”或“国际通则”，主要有以下几个方面。

（一）热情有度

待人热情是基本礼貌，但中国人的一些习惯，在外国人看来是过分热情，有套近乎的嫌疑。比如，初次见面就称兄道弟了，有时候还开一些过头的玩笑。对外国人应不卑不亢。一定要注意，对别人的关心、帮助和爱护，以不妨碍对方个人自由为前提。

（二）距离有度

在人们的交往中，相互间的空间距离要求和对空间的守卫行为有着一套必须遵循的不成文规定。身体距离不适度对人是一种冒犯。人们要想人际交往成功，懂得对方的空间距离是十分重要的。与对方打交道时保持的距离间隔，往往是由双方的关系决定的。由于人与人之间的感情距离是不等同的，所以交往时的空间距离也不一样。

（三）以右为尊

在各种类型的国际交往中，大到政治磋商、商务往来、文化交流，小到私人接触、社交应酬，但凡有必要确定并排列具体位置的主次尊卑，“以右为尊”都是普遍适用的。

（四）信守时间

信守时间，遵守约会，是取信于人的一项基本原则。在现代社会中，时间就是生命，因此每一个懂得尊重自己、尊重别人的人，都不可以轻易地浪费别人的时间或不遵守自己与别人之间的约会，否则必定会为此而失信于人。在国际交往中，不遵守时间的人就是不尊重交往对象的人。关于这一点，在国际社会中，人们早已形成了共识。

（五）尊重隐私

跟外国人打交道，无论男女老少，不要过度关心对方，不要询问私人生活方面的问题，如婚否、收入、家庭、健康、经历、住址、信仰、财产、衣饰价格、年龄等。对于对方不愿意回答的问题，不要追问。谈到对方反感的问题应表示歉意或立即转换话题。

（六）女士优先

“女士优先”原则的本意，是要求每一位成年男子在社交场合里，都要尽自己的一切可能来尊重女士、体谅女士、帮助女士、照顾女士、保护女士，并且随时随地、义不容辞地挺身而出，替女士排忧解难。在国际社会，女性被视为“人类的母亲”。人们早已普遍认为，在社交活动中，遵守女士优先原则的男士才称得上是绅士，反之，就是没有教养的人。

在现实生活里，女士优先的原则是通过一系列的具体做法来贯彻和体现的。例如，在女士面前男士不应说脏字，开无聊玩笑；在发言开始讲话者提及听众时，必须以“女士们、先生们”作为合理的顺序；在问候时，男士必须优先问候在场的女士；在女士面前，男士未经允许不得擅自吸烟；在同行时，男士应自觉地请女士先行一步，以便将选择行进方向的权利留给女士；有必要并排行走时，出于安全方面的原因，男士应主动走在女士外侧；当通过门口时，男士有义务为女士开门和关门；等等。

（七）保护环境

遵守保护环境的原则是极其重要的。环境是人类生存的条件，也是社会赖以存在和发展的基础。在国外，对待环境的态度是被同文明程度的高低联系在一起来看待的。

保护环境的原则具体来讲包括三重含义：其一是要求保护人类的生存环境，其二是要求保护地球的自然环境，其三是要求维护公共场所的卫生环境。作为与环境荣辱与共、唇齿相依的人类社会的一员，保护环境责无旁贷。

要遵守这项原则，不仅要具有保护环境的意识，而且还要在日常生活中严格要求自己，如不要在他人面前吸烟，不要随手乱丢弃物品，不要采摘花卉等，这些都是保护环境的具体表现。

（八）爱护动物

动物是自然界生态平衡不可缺少的成员，它们与农、林、牧、渔、医等各方面关系非常密切，不仅为人类衣食住行提供了宝贵的资源，也为美化人们的生活提供了丰富的内容。所以应当爱护动物，遵守各国有关动物保护的规定。

在西方，人们非常喜爱猫、狗一类的动物。与西方人交谈时，诸如“狗肉味道好极了”一类的话语，是很不合适的。吃狗肉在西方人看来非常残忍，因为他们认为狗是人类的朋友。

一些欧洲的动物保护法规定，不仅对伴侣型动物必须给予应有的关心和重视，即便是对饲养以食用的家禽家畜，也要保证它们得到人道的对待。例如，在贩运禽畜途中，要每三个小时停车一次，喂禽畜水和食物；要保证禽畜之间有足够的空间，不能拥挤；甚至在屠宰的时候，也一定要先使用电击，让它们失去知觉，以减轻禽畜被宰杀的痛苦。

第二节　我国主要客源国和地区礼仪习俗

礼仪习俗，简称“礼俗”，是指礼仪、礼节方面的风俗习惯，它是一个社会经长期的文化积淀而形成的不易改变的风尚、习惯、习俗、行为的总称。礼俗是文化的载体，世界不同国家文化背景的差异，使礼俗的表现形式也大不相同。旅游工作者在与不同国家的人打交道时，应具有互相尊重、求同存异、共同发展的国际交往意识。

下面以我国主要客源国和地区为例，对其服饰、餐饮及社交礼仪习俗进行介绍。

一、亚洲

亚洲是世界上最大的洲，位于东半球，主要有两大人种，即亚细亚人种和亚利安人种。亚洲是世界三大宗教的发源地，现在亚洲国家绝大多数居民信奉佛教，其次为伊斯兰教，也有一部分信奉基督教。

（一）韩国

1. 服饰礼俗

韩国人非常看重自己留给交往对象的印象，十分注重穿着打扮。为了个人形象，不少女性不惜重金整容。

除少数坚守传统的老年人之外，韩国人在交际应酬中通常都穿着西式服装。在韩国，邋里邋遢、衣冠不整的人和着装过露过透的人一样，都是让人看不起的。

在某些特定的场合，尤其是在逢年过节的时候，韩国人往往会穿自己本民族的传统服装。在休闲时，年轻人的衣着则较具有个性。

在韩国，参加社交活动时光脚穿鞋子是一种典型的失礼行为。在韩国的社交活动中穿着袜子往往还有一个好处，即进屋需要脱鞋时，不至于过分尴尬。进屋之前需要脱鞋时，韩国人是不准将鞋尖直对房间之内的，不然会令主人不满。

2．餐饮礼俗

韩国人的饮食以辣和酸为主要特点。主食主要是米饭、冷面。他们爱吃的菜肴主要有泡菜、烤牛肉、烧狗肉、人蔘鸡等。韩国人通常不喝稀粥，并且不喜欢喝清汤，他们认定只有穷人才会如此。

韩国人一般都不吃过腻、过甜的东西，并且不吃鸭子、羊肉和肥猪肉。至于熊肉、虎肉，韩国人绝对不敢吃，因为他们对熊与虎十分崇拜。

韩国人用筷子进餐，为了环保一般用铁筷子。与长辈同桌就餐时不许先动筷子，不可用筷子对别人指指点点。

韩国人认为，吃饭的时候不宜边吃边谈、高谈阔论。吃东西时，嘴里响声大作也是非常丢人的。

韩国人在自己家中设宴招待来宾时，宾主一般都是围在一张矮腿方桌周围盘腿席地而坐的，此时将双腿直伸开来或是双腿叉开都是不允许的。

3．社交礼俗

在人际交往中，韩国人的常规礼俗既保留了自己民族的特点，又受到了西方文化与中国儒家文化的双重影响。

在正规场合，韩国人一般都采用握手礼作为见面礼节。与朝鲜人一样，韩国人在不少场合也会采用先鞠躬、后握手的方式。韩国妇女一般情况下不与男子握手，而往往代之以鞠躬或者点头致意。

与外人初次打交道时，韩国人非常讲究预先约定、遵守时间，并且十分重视名片的使用。

韩国人大都珍爱白色。在韩国，人们以无穷花为国花，以松树为国树，以喜鹊为国鸟，以老虎为国兽。对此不要妄加非议，更不可当着韩国人的面对其不恭不敬。

由于其发音与“死”相同的缘故，韩国人对“4”这一数字十分厌恶。受西俗影响，也有不少韩国人不喜欢“13”这个数字。

不要称“南朝鲜”“南韩”和“朝鲜人”，而宜称“韩国”和“韩国人”。

在韩国，不宜谈论的话题有政治腐败、经济危机、意识形态、南北分裂、韩美关系、韩日关系等。

目前，韩国人非常讲究保护个人隐私，诸如体重、身高、住处、手机号码等，都绝不宜向他们打听。

韩国人的民族自尊心很强，他们反对崇洋媚外，倡导使用国货。在韩国，一身外国名牌的人往往被看不起。需要向韩国人馈赠礼品时，宜选择鲜花、酒类或工艺品。但是，最好不要送日本货，尤其是不要特意向对方指出这一点。在接受礼品时，韩国人大都不习惯当场打开外包装。

在主流社会，尽管韩国人已十分西化，但在韩国民间仍讲究“男尊女卑”。进入房间时，女子不可走在男子前面。进入房间后，女子必须帮助男子脱下外套。男女一同就座时，女子应主动坐在下座，并且不得坐得高于男子。通常，女子还不得在男子面前高声谈笑，不得从男子身前通过。

（二）日本

1．服饰礼俗

日本人无论在正式场合还是非正式场合都很注重自己的衣着。在商务交往、政务活动以及对外交际的正式场合，男子和大多数中青年妇女都着西服，男子穿西服通常都系领带。而在民间交往中，他们有时也会穿着自己的国服　　和服。除　些特殊职业者外，现在男子在公共场所很少穿和服。过去在等级森严的日本，和服的色彩、图案、款式、面料乃至穿着方式，无一不与穿着者的地位、身份相关，因此人们在穿和服时一点儿也不敢马虎大意。而今随着社会的发展，人们对此已不甚讲究了。

2．餐饮礼俗

在饮食方面，日本菜可以说是完全自成一体，讲究“五味”“五色”与“五法”，世人一般称之为“和食”或“日本料理”，以生鱼片、寿司最为著名。

日本人的饮食禁忌不多，主要不吃肥猪肉和猪的内脏，也有一些人不喜欢吃皮蛋、羊肉、兔肉和鸭肉。

日本人非常爱喝酒，斟酒讲究满杯，多喝几杯甚至喝得酩酊大醉，人们也会对其见多不怪、不以为耻。日本男子下班后，先去酒馆大喝一通几乎成了“例行公事”。

在日本，人们普遍爱好饮茶。久而久之，形成了讲究“和、敬、清、寂”四规的茶道。

日本人在用餐时，要摆上一张矮桌，男子盘腿坐于地上，女子则跪坐而食。

日本人吃饭用的是尖头筷子，进餐时筷子不要放在碗上。用餐时，饭菜和汤交叉取用。

在宴客时，大都忌讳将饭盛得过满，并且不允许一勺盛一碗饭。作为客人，则不能仅吃一碗饭，哪怕是象征性的也要再添一次饭，否则就会被视为宾主无缘。

在街上边走边吃是没有教养的表现。

3．社交礼俗

在人际交往中，日本人通常都习惯于以鞠躬作为见面礼节。在行鞠躬礼时，日本人鞠躬的度数、鞠躬时间的长短、鞠躬的次数等往往与对受礼方所表示尊敬的程度成正比，而且行鞠躬礼时讲究毕恭毕敬，行礼者不得戴帽子、手持物品或把手插在衣袋里。

日本人与他人初次见面时，通常都要互相交换名片，否则即被理解为不愿与对方交往。日本人外出时身上往往会带上好几种印有自己不同头衔的名片，以便在不同场合因人而异地使用。因而有人将日本人的日常见面礼节归纳为“鞠躬成自然，见面递名片”。

可以和日本人握手寒暄，不要拥抱或亲吻对方。日本人不习惯在公共场合触碰对方。

日本人对清洁十分重视，必须每天洗澡。不仅如此，日本人还有请人一起去浴室洗澡的习惯，他们认为这样可以使人减少束缚、坦诚相交。在日本，卫生间通常被称为“化妆间”。

日本人坚信“优胜劣汰”，所以在交际中他们十分尊重强者。

日本人姓名的组合顺序与中国人一样，姓在前、名在后，以四字最为多见。日本妇女婚前姓父姓，婚后则改姓夫姓。称呼日本人时，可称之为“先生”“小姐”或“夫人”，也可以在其姓氏之后加上一个“君”字以示尊敬。只有在很正式的情况下，称呼日本人时才须使用其全名。

在交际场合，日本人的信条是“不要给别人添麻烦”。因此，他们忌讳高声谈笑。嘈杂和刺耳的言行会令人反感、引人侧目。在外人面前，他们大都要满脸笑容，而不论自己是否开心。日本人认为，这是做人的一种基本的礼貌。

拜访他人家里或参观庙宇，为了保持环境清洁，都要脱鞋。如果鞋脱在屋内，应将鞋尖朝向门外放整齐。离开时，要将拖鞋尖朝向屋内整齐排列。

跪坐在榻榻米上时，男士双腿相叠，女士双膝并跪，双手轻握放在前面。

日本人对樱花无比喜爱，而对荷花非常反感。

日本人很爱给人送小礼物，但下列物品不应被包括在内：梳子、圆珠笔、T 恤衫、火柴、广告帽。在包装礼品时，不要扎蝴蝶结。

即使自己是吸烟者，日本人也不愿意让别人给自己敬烟。同时，他们也绝对不会给别人敬烟。

同他人相对时，日本人觉得注视对方双眼是失礼的。因此，他们绝不会直勾勾地盯视对方，而通常只会看着对方的双肩或脖子。

当日本人用右手的拇指与食指合成一个圆圈时，绝对不是像英美人那样是在表示“OK”，而只不过是在表示“钱”。

（三）新加坡

1. 服饰礼俗

新加坡以华人为主（占近 80%），其余是马来人和印度人等。不同民族的人在穿着上有自己的特点。马来人男子头戴一顶叫“宋谷”的无边帽，上身穿一种无领、袖子宽大的衣服，下身穿长及脚踝的纱笼；女子上衣宽大如袍，下穿纱笼。华人妇女多爱穿旗袍。政府部门对其职员的穿着要求较严格，在工作时间不准穿奇装异服。

2. 餐饮礼俗

新加坡人主食为米饭、包子，早点多用西餐，不吃馒头，下午常吃点心；副食品主要为鱼虾，如炒鱼片、炒虾仁、油炸鱼等，并偏爱中国的广东菜。马来人用餐一般用手抓取食物，在用餐前有洗手的习惯，进餐时必须使用右手。饮茶是当地人的普遍爱好，客人来时，他们常以茶水招待。华人喜欢饮元宝茶，意为财运亨通。信奉伊斯兰教的人喜欢吃咖喱牛肉。水果爱吃桃子、荔枝、梨等。

3. 社交礼俗

新加坡人待人处事彬彬有礼，总习惯笑脸迎送客人。由于新加坡多华人，其语言、文字、习俗等方面都保留有中国习俗的气息，如两人见面时要相互作揖等。通常见面礼节是鞠躬或握手。华裔多信奉佛教并有屋内诵经的习惯，诵经时是不允许任何人打扰的。印度血统的人因多数信奉印度教，故仍保留印度的礼节和习俗。马来血统、巴基斯坦血统的人则按伊斯兰教的礼节待人接物。但因受英国影响，新加坡在很大程度上已经西化，所以又有一些西方待人接物的特点。

新加坡人忌说“恭喜发财”，因为他们认为“发财”两字含有“横财”之意。新加坡人视紫色、黑色为不吉利，黑白黄为禁忌色。和新加坡人谈话，一般忌谈宗教与政治方面的话题。在新加坡，嘴里叼着香烟走路、随地吐痰、乱扔垃圾是要被罚款的。

（四）马来西亚

1．服饰礼俗

在服饰上，马来西亚人喜欢穿天然织物做成的衣服。男子习惯穿传统的民族服装，头戴“宋谷”无边帽，着无领上衣，下着西式长裤，腰间系“纱笼”。马来西亚人爱佩戴短剑，他们把剑视为力量、智慧和勇敢的象征。马来西亚女子的传统服装样式和男装差不多，上衣叫“克巴亚”，宽大如袍，身长过臀，她们也穿“纱笼”，其颜色和图案则艳丽得多。

2．餐饮礼俗

大多数马来西亚人受伊斯兰教的影响，喜欢吃牛羊肉，饮食口味清淡，怕油腻。爱吃的其他副食还有鱼、虾等海鲜和鸡、鸭等家禽以及新鲜蔬菜。马来西亚人爱吃椰子、椰子油和椰子汁。他们用椰子油烹调菜肴，并用咖喱粉做调料。马来西亚人善于用烤、炸、爆、炒、煎等烹饪方式做菜，口味甜中带辣，欣赏中国的广东菜和四川菜。由于地处热带盛产水果，马来西亚人餐餐都吃水果。

3．社交礼俗

马来西亚人友好善良，注重礼貌礼节，尊老爱幼。其礼貌礼节规范类似其他信奉伊斯兰教的国家。

马来西亚人忌谈及猪、狗方面的话题，忌食猪肉、狗肉，忌讳使用猪皮革制品及漆筷（因漆筷制作过程中使用猪血）。

马来西亚人不用左手为别人传递东西，认为左手是不干净的。此外在公共场合，不论男女，衣着不得露出胳膊和腿部。

马来西亚人忌用黄色，不穿黄色衣服。单独使用黑色被认为是消极的。

马来西亚人忌讳的数字是“0”“4”“13”。

在马来西亚是禁酒的，因此在用餐时不用酒来招待客人。

（五）泰国

1．服饰礼俗

泰国人的服装，总的来说比较朴素，在乡村多以民族服装为主。泰国各个民族都有自己的传统服饰。现在，泰国城市中的男子在正式社交场合通常穿深色的西装并打领带。妇女在正式社交场合穿民族服装，也可穿裙子；在日常生活中，可穿各式流行服装，但在公共场合忌穿短裤。

2．餐饮礼俗

泰国人以米为主食，爱吃鱼类，但不爱吃海参。早餐多吃西餐，午餐和晚餐喜吃中国的粤菜和川菜。特别喜爱吃辣椒，而且越辣越好。还喜欢吃鱼露，爱喝啤酒、白兰地和苏打水。喝红茶、咖啡时，爱吃小蛋糕和干点心。饭后有吃苹果、鸭梨的习惯，但不吃香蕉。

不喜欢酱油，不爱吃牛肉和红烧的菜肴，也不习惯放糖。

3．社交礼俗

除在相当西化的场合，泰国人的见面礼一般不握手，而是双手合十放在胸前，指尖对鼻尖行合十礼；一般双手举得越高，对客人越表示尊重，但双手的高度不超过双眼。受礼方也应以合十礼相还。向王室和高僧行礼时须下跪，甚至儿子出家为僧，父母亦跪地送行。从坐着的人身边经过要略微躬身，以表示礼貌。长者在座，他人应坐地或蹲跪，头的高度不可超过长者，否则是极大的失礼。

到泰国朋友家做客万万不可踏对方门槛，因为泰国人认为门槛下住着神灵，踩下去是万万不行的。

在泰国，人们用红色写死人的姓氏，所以泰国人忌红色，认为红色是不吉利的颜色。

泰国人十分重视头部，认为头是人的智慧所在，是神圣不可侵犯的，被摸头是极大的侮辱。即使看见天真可爱的儿童，想以抚首表示一下爱心，也是绝对不允许的。

睡觉忌头向西方，因日落西方象征死亡。

泰国人就座时，最忌跷腿，把鞋底对着别人被认为是把别人踩在脚下，是一种侮辱性的举止。

（六）印度

1．服饰礼俗

总的来说，印度人着装讲究朴素、整洁。

在一般场合，印度男子的着装通常是：上身穿一件“吉尔达”，即一种宽松的圆领长衫；下身则穿一条“陀地”，即一种以一块白布缠绕在下身、垂至脚面的围裤。在极其正规的活动中，他们则习惯于在“吉尔达”之外再加上一件外套。

印度妇女最具民族特色的服装是纱丽。它实际上是一大块丝制长巾，色彩鲜艳、图案优美，披在内衣之外，好似一件长袍。印度妇女大都喜欢在额头上以红色点上一颗“吉祥痣”，以前它用于表示妇女已婚，而今则主要用于装扮。纱丽与“吉祥痣”可以说是印度妇女穿着打扮上的两个独特之处。

出门在外时，尤其是在正式场合，印度人大都讲究不露出头顶。为此，妇女要头披纱巾，男子则根据宗教信仰的不同而不同：印度教徒要戴白色船形帽，伊斯兰教徒要戴伊斯兰小帽，锡克教徒则要包裹上一块头巾。

出于宗教方面的原因，印度的男锡克教徒还有不理发、不剃须、戴铁手镯、佩戴短剑的习惯。

2．餐饮礼俗

印度人喜欢在烹饪时加入各种各样的香料，尤其是辛辣类香料，如咖喱粉等。

印度人在饮食方面最大的特点是食素的人特别多，而且社会地位越高的人越忌荤食。在印度，根据教规，印度教教徒和锡克教教徒不吃牛肉，伊斯兰教教徒不吃猪肉。在一般情况下，蛇肉、竹笋、蘑菇和木耳等，有许多印度人是不吃的；还有不少印度人甚至不吃鸡蛋。平时，绝大多数印度人都不吸烟。

一般来说，印度人不大爱喝汤，也不怎么喜欢饮酒。许多印度人认为，白开水是世间最佳的饮料。通常，红茶也是他们的主要饮料。在喝茶时，他们往往将其斟入盘里，直接用舌头舔饮。

用餐的时候，印度人一般不用任何餐具，而习惯于用右手抓食。

3．社交礼俗

在印度，人们在交际应酬中所行的见面礼种类繁多，其中使用较多的有合十礼和拥抱礼，常用的较有特色的见面礼还有贴面礼、摸脚礼和举手礼。目前印度也流行握手礼，但不能用左手。在一般情况下，印度妇女仍不习惯于同异性握手，所以当妇女没有握手的意思时，可以行合十礼。

在迎接嘉宾之时，印度人通常要敬献用鲜花编织而成的花环。为了表示诚意，主人通常要亲自将其挂在客人的脖子上。

在印度，最受人们珍爱的鲜花和树木是荷花与菩提树。在这里，有多种动物被人神化。其中最受印度人崇拜的动物当推蓝孔雀和黄牛。因受印度教的影响，敬牛、爱牛、不打牛、不杀牛、不使用牛皮制品，在印度也已成为一种普遍的社会风气。与欧美人爱狗一样，印度人的爱牛也绝对不容非议。

在印度的某些部落里，令一般人胆战心惊的眼镜蛇被看作“神的朋友”，因而也被进行顶礼膜拜。除此之外，猫、狗、龟、鼠等动物在印度也都各有各的崇拜者。只是一般的印度人不喜欢龟、鹤及其图案。

印度教教徒还认为“入河沐浴可消罪过”。故此他们经常要下河，尤其是被视为“圣河”的恒河沐浴。他们认为在恒河沐浴后，孩子可以长命百岁，新婚夫妇可以永结同心，老人则可以安然进入天国。在恒河沐浴，与住瓦腊纳西、敬湿婆神、结交圣人一道，被印度教教徒当作“人生四大乐趣”。

在印度，当众吹口哨乃是失礼之举，异性之间当众亲吻则属于违法。在印度南部的一些地方，人们习惯于以摇头表示同意，以点头表示否定。以左手接触别人或摸别人的头，在印度通常都是不允许的。

印度人忌讳白色，忌讳送人百合花。“1”“3”“7”三个数字均被他们视为不吉利。

同印度人交谈时，不要提及宗教与民族矛盾、印巴冲突、克什米尔问题。核武器、两性关系与中印边界纠纷等问题，也千万不要主动涉及。讨论当地的历史和艺术会让对方很高兴。

（七）中国港澳台地区

1．服饰礼俗

港澳居民多为广东人，广东人的风俗习惯在那里影响最深。随着社会的变迁和中西文化的交流，传统的礼仪习俗也受到一定的影响。

在台湾，以往乡村男女多穿汉服，戴斗笠或裹毛巾以蔽风日。日本统治时期，西装开始流传，现已相当普及。城市妇女有的穿旗袍等民族服装，年轻人多穿西装或港衫西裤。

2．餐饮礼俗

港澳台同胞饮食习惯基本上与祖国大陆居民相同，许多人喜欢吃家乡饭菜和各种点心，爱喝中国的茅台、西凤、五粮液等名酒。

3．社交礼俗

我国港澳台同胞通行握手礼，还保留拱手、鞠躬等中国传统礼节。此外，港澳台同胞还行叩指礼，当他们在接受别人为其倒茶或斟酒时，会把手指弯曲以指尖轻轻叩打桌面，这是一种感谢的表示。

港澳台绝大多数居民是炎黄子孙，他们对中国传统节日非常重视，祭神、祭祖仪式十分隆重。此外，因受西方文化影响，也过圣诞节等西方节日。

港澳台同胞忌说不吉利的话，喜欢讨口彩，特别是香港人，有喜“8”厌“4”的习惯。因香港人大都讲广东话，广东话中的“8”与“发”谐音；而在广东话中“4”与“死”同音，因此人们避免用“4”来做标志，送礼品也不送四样，非说“4”不可时就用“两双”来代替。逢年过节时，不能说“新年快乐”和“节日快乐”，而用“新年愉快”“节日愉快”或“恭喜发财”代之。这也是谐音的关系，因“快乐”和“快落”听起来很相似。

台湾人禁以手巾赠人，因在台湾手巾是给吊丧者的留念，意为让吊丧者与死者断绝往来，故台湾有“送巾断根”和“送巾离根”之俗语；禁以扇子赠人，因为扇子用于夏季扇凉，一到秋冬便无利用的价值，故台湾有“送扇，无相见”之说；禁以雨伞送人，因为在台湾“伞”与“散”同音，“雨”与“给”同音，“雨伞”与“给散”同音，故拿伞送人会引起对方的误解；禁以刀、剪赠人，因为刀、剪是伤人的利器，含有“一刀两断”之意；禁以甜果赠人，因甜果是民间逢年过节祭祖拜神之物，以甜果送人会使对方有不祥之感。

二、欧洲

欧洲位于东半球西北部，其面积仅大于大洋洲。那里国家、民族和语言众多，人口相当密集。习惯上人们把欧洲细分为东、西、南、北、中五个区域，其中北欧的瑞典、芬兰、丹麦、挪威，西欧的英国、荷兰、法国、比利时，中欧的德国、奥地利、瑞士以及南欧的意大利、西班牙等国家工业相当发达。

（一）英国

1．服饰礼俗

在穿戴方面，英国人有不少讲究。总的来说，在人际交往中，他们十分注重衣着，还爱以衣帽取人。用英国大文豪莎士比亚的话来讲，这主要是因为“一个人的穿着打扮就是其自身修养最好的说明”。

英国人在交际应酬之中的衣着非常注意体现其“绅士”“淑女”之风。过去，英国绅士参加社交应酬时要身穿燕尾服，头戴高筒礼帽，手持文明棍。他们的这身“标准行头”曾经给世人留下了深刻的印象。直至今日，英国人在正式场合的穿着仍然十分庄重而保守。男士要穿三件套的深色西装，女士要穿深色的套裙或者素雅的连衣裙。庄重、肃穆的黑色服装往往是英国人优先的选择。

英国人在正式场合的着装，大致上有下列四条禁忌：忌条纹式领带；忌不系长袖衬衫袖口的扣子；忌在正式场合穿凉鞋；忌以浅色皮鞋配西装套装。

苏格兰男子爱穿一种富有民族特色的花格短裙，名叫“基尔特”裙。这种裙采用花呢料制成，其长至膝且配有宽腰带，前面饰有一小块椭圆形的垂巾。苏格兰人将这种短裙视为民族象征，每逢节庆苏格兰男子都要穿上它，在民族乐器的伴奏下跳起民族舞。

2．餐饮礼俗

一般而言，英国人的饮食可以说具有“轻食重饮”的特点。说英国人“轻食”，主要是因为英国人在菜肴上没有多大的特色，其日常的伙食基本上没有多大的变化。除了面包、火腿、牛肉之外，英国人平时常吃的也就是土豆、炸鱼和煮菜了。

在英国，烤牛肉加约克郡布丁被人称为国菜。在使用刀叉时，英国人往往一丝不苟。

英国人的饮食禁忌主要是：不吃狗肉，不吃海参、鱼翅，不吃过咸、过辣或带有黏汁的菜肴。做菜时加入味精也为其所忌讳。

在评论欧洲主要国家饮食的特点时，有人曾概括为：德国人是“考虑着营养吃”，法国人是“夸奖着厨师的手艺吃”，意大利人是“痛痛快快地吃”，而英国人则是“注意着礼节吃”。这一评价在客观上反映了英国菜肴特色不多的特点。

有别于“轻食”的是，英国人在其日常生活之中是非常“重饮”，即讲究饮料的。对世人而言，英国名气最大的饮料当推红茶与威士忌。与绝大多数欧美人所不同的是，英国人嗜茶如命，爱喝红茶。英国苏格兰所生产的威士忌与法国的干邑白兰地、中国的茅台酒并列为世界三大名酒。英国人除以威士忌佐餐外，还喜欢将其净饮。英国人饮酒很少自斟自酌，他们的习惯是饮酒最好去酒吧。因此，英国的酒吧比比皆是，并且成为英国人社交的主要场所。

3．社交礼俗

在待人接物方面，英国人的所作所为，不仅与欧洲其他国家的人大不相同，就是与语言、宗教、文化相仿的美国人、加拿大人、澳大利亚人和新西兰人相比，也有许多显著的不同之处。

1）谨慎和保守。英国人不善于夸夸其谈，感情不大外露，也不喜欢在公共场合引人注目。在其交际应酬中，他们轻易不会与别人一见如故，更不会立即称兄道弟、推心置腹。

2）含蓄和距离。从总体上讲，英国人性格内向，不擅表达，不爱张扬，不愿与别人过于亲近。英国人普遍认为，只有保持适当的距离，才能使人与人之间的关系稳定。

3）宽容和容忍。与外人进行交往时，英国人一般都非常善解人意，并且非常懂得体谅人、关心人、尊重人。在一般情况下，他们都不爱跟别人进行毫无意义的争论，而且极少当着外人的面使性子和发脾气。

4）礼节和风度。英国人平时十分重视个人的修养，待人十分客气。在社交场合，英国人极其强调所谓的“绅士风度”，他不仅表现在英国人对妇女的尊重与照顾等方面，而且也见之于英国人的仪表整洁、服饰得体和举止有方。

在交际活动中，握手礼是英国人使用最多的见面礼节。

在进行交谈时，英国人，特别是那些上了年纪的英国人，喜欢别人称呼其世袭的爵位和荣誉的头衔，至少也要郑重其事地称之为“阁下”或是“先生”“小姐”“夫人”。

英国各个地区的人都十分重视自己的民族自尊，他们对于“英国人”这一笼统的称呼极为反感，认为它明显是在以偏概全。因此，与他们进行交往时，一定要具体情况具体对待，将其分别称为“英格兰人”“苏格兰人”“威尔士人”“北爱尔兰人”或统称为“不列颠人”。

英国的国花是玫瑰。对于被视为死亡象征的百合花和菊花，英国人则十分忌讳。

英国人平时十分宠爱动物，其中狗和猫都是他们的最爱，只是对黑色的猫十分厌恶。英国人不喜欢大象。

遇上碰撒了食盐或是打碎了玻璃之类的事情，英国人都认为是很倒霉的。

在色彩方面，英国人偏爱蓝色、红色与白色，它们是英国国旗的主要色彩。英国人不喜欢墨绿色。在图案方面的禁忌甚多，人像、大象、孔雀、猫头鹰等图案都会令他们大为反感。在握手、干杯或摆放餐具时，无意中出现了类似十字架的图案，他们也认为是十分晦气的。

英国人忌讳“13”与“星期五”，当二者恰巧碰到一起时，不少英国人都会产生大难临头之感。对“666”他们也十分忌讳。

与英国人打交道时，需要了解的英国人的主要民俗禁忌还有：忌讳当众打喷嚏，忌讳用同一根火柴连续点燃三支香烟，忌讳把鞋子放在桌子上，忌讳在屋子里撑伞，忌讳从梯子下面走过。

在人际交往中，英国人不欢迎贵重的礼物。涉及私生活的服饰、肥皂、香水以及带有公司标志与广告的物品，也不宜送给英国人。鲜花、威士忌、巧克力、工艺品以及音乐会门票则是送英国人的适当之选。

出于反恐的需要，英国现已立法禁止给警察、政府公务员拍照、摄像。

与英国人交谈时，切勿涉及英王、王室、教会以及英国各地区之间的矛盾，特别是不要对女王、王位继承、英美关系和北爱尔兰独立问题说三道四。此外，在英国同性恋是合法的。

在英国，动手拍打别人、跷二郎腿、右手中指与食指构成“V”形时手背向外，都是非常失礼的动作。英国人用食指将下眼皮往下微微一扒时，表示自己所做的事被人识破了。当他们用手敲鼻子时，表示的是秘密。耸动肩部则表示疑问或者不感兴趣。

（二）法国

1．服饰礼俗

法国人对于衣饰的讲究，在世界上是最为有名的。所谓“巴黎式样”，在世人耳中即与时尚、流行含义相同。一般人都认为法国人最善于穿着打扮，他们的衣着、配饰、发型、化妆往往令人无可挑剔。

在正式场合，法国人通常要穿西装、套裙或连衣裙。法国人所穿的西装或套裙多为蓝色、灰色或黑色，质地多为纯毛。在他们看来，化纤面料的服装往往是难登大雅之堂的。

出席庆典仪式时，法国人一般要穿礼服。有身份的法国人在正式场合露面时，往往不会将同一套服装连穿两次。他们认为，那样做会有失自己的身份。他们还讲究自己的衣着要尽量保持个性，又不宜过分超前或落伍。

关于穿着打扮，法国人认为，重在搭配是否得法。在选择发型、手袋、帽子、丝巾、鞋子、手表、眼镜时，法国人都十分强调要使之与自己的着装协调一致。

法国妇女在参加社交活动时，一定要化妆并且要佩戴首饰。她们认为，化妆对人和对己都是一种尊重。首饰一定要选真材实料，对于仿造首饰她们大都加以拒绝。

法国男士对自己仪表的修饰相当看重，他们中的许多人经常出入美容院。在正式场合亮相之前，剃须修面，头发梳理得一丝不苟，身上略洒一些香水，都已被法国人看成男人所应具备的基本教养。

2．餐饮礼俗

作为举世皆知的世界三大烹饪王国之一，法国人非常讲究饮食，并且人人喜欢以美食家自居。他们的看法是“烹饪是文明的无名先锋”“一顿晚餐比一首诗价值更高”。在西餐之中，法国菜是最讲究的。

法国人平时爱吃面食，面包的种类难以计数。在肉食方面，他们爱吃牛肉、猪肉、鸡肉、鱼子酱、蜗牛、鹅肝、蛙腿，不吃肥肉、宠物肉、肝脏之外的动物内脏、无鳞无鳍的鱼、带刺带骨的鱼和鱼翅。法国的名菜有鸡肝牛排、红酒山鸡、马赛鱼羹、巴黎龙虾、煎蜗牛、扒鹅肝以及烩黑菌等。法国人烹饪时常用大蒜、丁香和香菜调味，做菜不但选料要新鲜，而且烹饪也大多半生不熟，有不少菜类，如牡蛎，他们甚至还直接生食。法国人大都爱吃奶酪。待客之际，他们往往会拿出各式各样的奶酪请客人品尝。

法国所产的白兰地、香槟与红白葡萄酒在世界上无出其右者。法国人特别善饮，他们几乎餐餐必喝，而且讲究在餐桌上要以不同品种的酒水搭配不同的菜肴。他们的常规做法是，餐前要喝开胃酒，吃鱼要喝白葡萄酒，吃肉要喝红葡萄酒，然后喝利口酒或白兰地。对于鸡尾酒，法国人则大都不太欣赏。在正式的宴会上，点任何含糖分的饮料，诸如可乐、果汁、酸奶等，都是不合宜的。除酒水之外，法国人平时还爱喝生水和咖啡。在法国的城市里，随处可见的咖啡馆和露天咖啡座，早已成为法国人社交的场所和街头的风景。

法国人在用餐时，允许两手放在餐桌上，但不许将两肘支在桌子上。在放下刀叉时，他们习惯于将其一半放在碟子，一半放在餐桌上。这一做法与英国人迥然不同。

一般来说，在法国人的餐桌上，酒水往往贵于菜肴。而在正式的宴会上，则有“交谈重于一切”之说。这是因为法国人一向视宴会为交际场合，宴会大都时间较长。在用餐时，若只吃不谈是不礼貌的。

3．社交礼俗

与英国、德国人相比，法国人在待人接物方面的表现是大不相同的。从总的方面来说，法国人在人际交往之中大都会表现出下列特点。

1）爱好社交，善于交际。一般而论，法国人邻里之间虽然往来较少，但对社交活动十分重视。即使与他人萍水相逢，他们也会主动与之交往，而且表现得亲切友善、一见如故。

2）诙谐幽默，天性浪漫。法国人大都爽朗热情、善于雄辩、好高谈阔论、好开玩笑、幽默风趣，讨厌不爱讲话的人，对愁眉苦脸者难以接受。

3）渴求自由，纪律性较差。在日常生活中，法国人崇尚自由自在、随意而为，偏爱标新立异、与众不同，喜欢营造宽容轻松的氛围，反对外来干预。他们虽然讲究法制，但一般纪律性较差，不大喜欢集体行动。

4）自尊心强，偏爱国货。对于法国的时装、美食和艺术，世人有口皆碑。在法国人看来，世间的一切都是法国的最棒。就语言而论，他们认为法语是世界上最优美的语言。法国人懂英语的不少，但通常不会直接用英语与外国人交谈。

5）骑士风度，尊重妇女。骑士风度的核心之点，是男子对妇女的尊重与保护。在法国人看来，充当“护花使者”是男人的天职与荣幸。

在人际交往中，法国人所采用的见面礼节主要有握手礼、拥抱礼和吻面礼。在行吻面礼时，他们往往要在对方的双颊上交替互吻三四次，而且还要发出声响。

在签署本人姓名时，法国人往往习惯将姓写在前面，名写在后面。正式称呼法国人的姓名时，宜只称其姓氏或是姓与名兼称。家人、熟人、朋友、同事、同学之间，应直呼其名。对于关系最为密切者，则宜直呼其爱称。与法国人打交道，有时有必要使用谦称或敬称。

法国的国花是鸢尾花，国鸟是公鸡。仙鹤被视为淫妇的化身，孔雀被看作祸鸟，大象则象征着笨汉。法国人对动物看得很重，虐待动物被视为不人道的行为。一直有人戏言：“在法国，妇女比男士受优待，而动物则又比妇女更受优待。”

法国人对核桃十分厌恶，认为它代表着不吉利。对黑桃图案他们也深为厌恶。

法国人大都喜爱蓝色、白色、红色，对于粉红色也比较喜欢。他们忌讳的色彩主要是黄色与墨绿色。

法国人忌讳“13”“666”与“星期五”。给法国妇女送花时宜送单数，但要避开“1”与“13”两个数目。

在法国的人际交往中，初次见面就向别人送礼往往会令对方产生疑虑。在接受礼品时，若不当着送礼者的面打开其包装，则是一种无礼、粗鲁的行为。此外，他们不太重视“礼尚往来”。向法国人赠送礼品时，宜选具有艺术品位和纪念意义的物品，不宜以刀、剑、剪、餐具或是带有明显广告标志的物品作为礼品。

与别人交谈时，法国人往往喜欢选择一些足以显示其身份、品位的话题，如历史、地理、艺术等。对于恭维美国、英国和德国，贬低法国的国际地位与历史贡献，议论其国内经济滑坡、种族纠纷以及科西嘉独立等问题，他们则是不愿意予以呼应的。在法国，同性恋是合法的。

在人际交往中，法国人的形体语言极为丰富。在交谈时，他们喜欢与对方站得近一些，并喜欢以手势进行辅助。对他们而言，拇指与食指分开表示“2”，用食指指自己的胸表示“我”，拇指朝下指表示“差”和“坏”，掌心向上表示诚恳，耸动肩膀则表示高兴或惊讶。

（三）德国

1．服饰礼俗

德国人在穿着打扮上的总体风格是庄重、朴素、整洁。他们不太容易接受过分前卫的服装，不喜欢穿着过分鲜艳花哨的服装，并且对衣冠不整、服装不洁者难以容忍。

在一般情况下德国人的衣着较为简朴，男士大多爱穿西装、夹克，并且喜欢戴呢帽。妇女则大都爱穿翻领长衫和色彩、图案淡雅的长裙。在日常生活里，德国妇女的化妆以淡妆为主，对于浓妆艳抹者德国人往往是看不起的。

德国人在正式场合露面时，必须要穿戴得整整齐齐，衣着一般多为深色。在商务交往中，他们讲究男士穿三件套西装，女士穿裙式服装。对于服饰品位与自己相近者，德国人往往比较欣赏。需要强调的是，在德国，穿墨绿色、褐色服装或穿黑皮鞋时系白色鞋带往往会令人反感。

在日常生活里，德国人服饰的民族特点并不显著。但是，也有个别地区节庆时例外。例如，巴伐利亚人在节庆之时的穿着就极具特点。男子一般是上穿无领外套，下装挂着背袋的皮短裤，头戴插着一支羽毛的小呢帽，脚穿长袜与翻毛皮鞋。妇女则一般上穿敞领、束腰、袖口带有花边的上衣，下着多为红、绿、白色的类似于围裙的长裙。

2．餐饮礼俗

德国人是十分讲究饮食的。在一般情况下，德国人的餐桌上主食是肉食。面包、土豆、禽蛋等虽然也受欢迎，但基本上属于配角。在肉类方面，德国人最爱吃猪肉，其次才能轮到牛肉。通常德国人都不太爱吃羊肉。除肝脏之外，其他动物内脏也不太被接受。除北部地区的少数居民之外，德国人大都不爱吃鱼、虾。

在饮料方面，德国人最欣赏的是啤酒。饮起啤酒来，他们人人都是海量。德国人也很喜欢咖啡、红茶和矿泉水。

在外出用餐时，德国人很爱选择自助餐这一进餐方式。

在一日三餐之中，德国人最重视的是晚餐。用晚餐的时候，他们习惯于关闭电灯，点燃蜡烛，以朦胧的烛光烘托出优雅的气氛。在宴请时，通常主人先喝一口酒，然后举杯祝客人身体健康。

德国人在用餐时，有以下几条特殊的规矩：吃鱼用的刀叉不得用来吃肉和奶酪；若同时饮用啤酒与葡萄酒，宜先饮啤酒，后饮葡萄酒，否则被视为有损健康；食盘中不宜堆积过多的食物；不得用餐巾扇风；忌吃核桃。

3．社交礼俗

与欧洲其他主要国家的人相比，德国人待人接物所表现出来的独特风格往往会给人留下极为深刻的印象。一般而言，德国人在人际交往中通常会表现出以下特点。

1）纪律严明，法制意识极强。在德国，事无巨细皆有法律予以规范。遵纪守法在德国被视为做人的一种美德，在这方面德国人堪称世人的楷模。与德国人打交道时，目无法纪的人往往会令人敬而远之。

2）讲究信誉，强调时间观念。德国人的说话算数和德国工业品的优良品质，在世界上都是有口皆碑的。在人际交往之中，德国人十分珍惜时间。在交谈时，大都喜欢少说闲话，直奔主题，并且看不惯没话找话、大讲恭维话、浪费别人时间的人。

3）极端自尊，非常尊重传统。在历史上，德国曾涌现出一大批著名的哲学家、艺术家和科学家，为人类文明贡献良多。这种特殊背景使得德国人极度自尊。德国人对舶来品通常不屑一顾。不仅如此，与外国人交谈，德国人大都喜欢会讲德语的人。对于说英语和法语的人，有时他们会不太乐于与之合作。

4）待人热情，十分重视感情。绝大多数的德国人都非常重视人与人之间的感情，他们家庭观念极强，把亲人之间的团聚视为最幸福的时光。他们具有很强的群体意识，酷爱集会和结社，并以此作为人际交往的渠道与纽带。

德国人在人际交往中对礼节非常重视。在社交场合，德国人通常都采用握手礼作为见面礼节。与德国人握手时，有必要特别注意下述两点：一是握手时务必坦然地注视对方；

二是握手的时间宜稍长一些，晃动的次数宜稍多一些，所用的力量宜稍大一些。此外，与亲朋好友见面时，德国人往往会施拥抱礼。在德国，亲吻礼多用于夫妻、情侣之间，并未广泛采用。有些上了年纪的人，与人相逢时则往往习惯脱帽致意。

重视称呼是德国人在人际交往中的一个鲜明特点。对德国人称呼不当，通常会令对方大为不快。在一般情况下，切勿直呼德国人的名字，称其全称或仅称其姓则大都可行。

德国人对于口腔卫生非常重视，在人际交往中，牙齿不好的人往往被德国人看不起。

与德国人交谈时，不宜涉及纳粹、宗教、两德统一、党派之争以及德法与德美关系的问题。在公共场合窃窃私语，德国人认为是十分无礼的。

信仰基督教的德国人对“13”“666”“星期五”极度厌恶。他们对于四个人交叉握手或在交际场合进行交叉谈话也比较反感。

向德国人赠送礼品时，不宜选择刀、剑、剪、餐刀和餐叉。和足球相关的礼物极受欢迎。受邀到德国人家里做客，送花是一种礼貌。将花送给主人前，要先拆开包装。给德国人送花要送单数，但“13”除外。在德国红玫瑰只送给情人。以褐色、白色、黑色的包装纸和彩带包装、捆扎礼品也是不允许的。

（四）俄罗斯

1. 服饰礼俗

在城市里俄罗斯人目前多穿西装或套裙。男子的民族服装是斜襟长袖衬衣，在衬衣外面系一根腰带。衬衣一般是用麻纱布、白棉布做成，也有的用色彩鲜艳的花布做成，通常在领口和下摆有绣花。裤子稍肥，用白布或染色的花布做成。在寒冷的季节，一般是穿厚呢子外衣或毛皮外衣，头戴毡帽，脚穿高筒皮靴。女子的民族服装一般是用麻布做的有垫肩的长衬衣。在俄罗斯的北部和中部地区，已出嫁的女子在衬衣外面要穿一件无袖长衣，在南部地区则穿一种手工织的带有方格图案的毛料裙子。在俄罗斯民间，已婚妇女必须戴头巾，并以白色的为主；未婚姑娘则不戴头巾，但常戴帽子。

2. 餐饮礼俗

俄罗斯人以面包为主食，爱吃带酸味的食品。喜食牛羊肉，不大爱吃猪肉。烹调方法喜欢焖、煮、烩，也吃烤、炸的菜。爱吃许多中国菜肴，尤爱吃北京烤鸭。不爱吃海参、海蜇、木耳。凉菜中，喜欢吃生西红柿、生洋葱、酸黄瓜、酸白菜、酸奶油拌沙拉、猪头肉冻等。

俄罗斯人早餐比较简单，几片黑面包、一杯酸牛奶即可；午餐较讲究，爱吃红烧牛肉，十分喜爱烤羊肉。午餐和晚餐不可无汤，汤汁要浓，如肉丸汤、鱼片汤、鸡汁汤等。

俄罗斯人爱喝酒，酒量一般较大，特别喜欢名酒伏特加，对中国的茅台、西凤等烈性酒也颇感兴趣。不爱喝葡萄酒、绿茶，喜欢喝加糖的红茶。

3. 社交礼俗

俄罗斯人性格开朗、豪放，组织纪律性很强。他们与人见面大都行握手礼，熟人之间还行拥抱接吻礼。称“您”和“你”有严格界限，习惯于以“你”相称的朋友间若改称“您”，即意味着友谊的破裂。

男人外出活动时，十分注重仪容仪表，一定要把胡子刮净，准时赴约。在社交场合，男性处处表现出尊重女性。

俄罗斯人认为，他们给客人吃面包和盐是最殷勤的表示。

与俄罗斯人交谈要坦诚相待，不能在背后议论第三者，更不能说他们小气。不要问初次结识的俄罗斯人私事。对妇女要十分尊重，忌问她们的年龄和衣饰价格等。

不要打碎镜子，因为打碎镜子意味着灵魂的毁灭，个人生活中将出现不幸。而打碎杯子和碗，特别是盘子和碟子，则意味着富贵和幸福。

三、美洲

美洲分为北美洲和南美洲，美洲地区的美国、加拿大、墨西哥、阿根廷、智利、巴西等国，大多信仰天主教或基督教，其饮食习惯以西餐为主，比较讲究食品的营养和卫生。

（一）美国

1．服饰礼俗

总体而言，平时的穿着打扮不太讲究，崇尚自然，偏爱宽松，讲究以着装体现个性，这些是美国人穿着打扮的基本特征。在日常生活之中，美国人大多是宽衣大裤，素面朝天，爱穿T恤衫、牛仔装、运动装以及其他风格的休闲装。衣冠楚楚的美国人在生活里也不是没有，但是要想见到身穿礼服或套装的美国人，大约只有在音乐厅、宴会厅或者大公司的写字楼内才比较容易。美国人认定，一个人的着装必须因其所处的具体场合或是所扮演的具体角色而定。在美国人看来，一个人穿着西装、打着领带去轧马路、逛公园、游迪士尼乐园，与穿着夹克、T恤、短裤、健美裤赴宴或出席音乐会一样，都是极不得体的。在美国，若不了解此类习俗，往往会贻笑大方。

2．餐饮礼俗

美国人的饮食习惯，一般可以说因地区而异、因民族而异。就总体而言，其共同特征是：喜食生、冷、淡的食物，不刻意讲究形式与排场而强调营养搭配。在一般情况下，美国人以食用肉类为主，牛肉是他们的最爱，鸡肉、鱼肉、火鸡肉也受欢迎。若非穆斯林或犹太教教徒，美国人通常并不禁食猪肉。在美国人之中，爱吃羊肉者极其罕见。美国人不吃的食物主要有狗肉、猫肉、蛇肉、鸽肉，鱼翅、淡水鱼与无鳞无鳍的鱼，动物的头、爪及内脏，生蒜、韭菜、皮蛋等。

受快节奏的社会生活影响，美国人的饮食日趋简便与快捷，因此快餐在美国得以大行其道。热狗、炸鸡、土豆片、三明治、汉堡包、面包圈、比萨饼、冰淇淋等，早已成为美国人平日餐桌上的主角。

3．社交礼俗

在待人接物方面美国人通常具有下述四个主要特点：随和友善，容易接近；热情开朗，不拘小节；城府不深，喜欢幽默；自尊心强，好胜心重。

在人际交往中，美国人有时会请亲朋好友到自己家里共进晚餐。美国人看重的是这一形式本身，而在实际内容上却不甚讲究。在美国，人们请客之时只准备三道菜是极为正常的。

美国人对山楂花与玫瑰花非常偏爱。在动物之中，美国人普遍爱狗。美国人认为，狗是人类最忠实的朋友。对于那些自称爱吃狗肉或者虐待狗的人，美国人是非常厌恶的。在美国人眼里，驴代表坚强，象代表稳重。驴和象分别是民主党和共和党的标志。

美国人喜爱的色彩是白色。在他们看来，白色象征着纯洁。由于黑色在美国主要用于丧葬活动，因此美国人对它比较忌讳。

美国人讨厌的数字是“666”“13”和“3”，他们不喜欢的日期则是星期五。

美国人在公共场合和他人面前，绝对不会蹲在地上或是双腿叉开而坐，这两个动作均被视为失礼之举。

美国人在跟同性打交道时有不少的讲究。在美国，成年的同性单独共居于一室，在公共场合携手而行或是勾肩搭背，在舞厅里相邀共舞等，都有同性恋之嫌。

美国人认为个人空间神圣不容冒犯。因此，碰了别人要及时道歉，坐在他人身边先要征得其同意。谈话时距对方过近是失敬于人的。一般而论，与美国人交往时，与之保持 50～150 厘米的距离是比较适当的。

标榜个性独立的美国人最忌讳他人打探其个人隐私。在美国，询问他人收入、年龄、婚恋、健康、籍贯、学历、住址、种族、血型、星座、个人联系方式等，都是不礼貌的。

美国人大都认定“胖人穷，瘦人富”，所以听不得别人说自己“长胖了”。与美国黑人交谈时，既要少提“黑”这个词，又不宜打听其祖居之地。万一有必要提到美国黑人或黄种人，则最好称之为“非裔美国人”或“亚裔美国人”，以回避对其肤色的具体涉及。

与美国人聊天时，若是谈及政党之争、投票意向以及堕胎等问题，肯定会导致双方“话不投机半句多”。

在美国街头，千万不要搭理上前“卖药”的人，因为他极有可能是贩毒者。

自 2006 年 3 月起，美国已禁止在所有公共场合吸烟。

不宜送给美国人的礼品主要有香烟、香水、内衣、药品以及广告用品。

在美国，切勿随意打骂、训斥孩子。不注意这一点，有可能就会吃官司。

（二）加拿大

1．服饰礼俗

在加拿大，不同的场合有不同的装束。

在教堂，男性着深色西装并打领结，女性则穿样式庄重的衣裙。

在参加婚礼时，男子或穿西装或穿便装，穿便装时不打领带；女子则不穿白色的服装，因为象征纯洁的白颜色是属于新娘的。

到朋友家做客或参加宴会，男子要穿深色西装套装；女子应穿样式庄重的衣裙，可稍事化妆，但不宜太浓。

如是非正式的宴会或彼此很熟识，男子可穿不同颜色的上装和长裤，女子服装颜色不宜太显眼且款式不能过于奇异。

参加葬礼，男子要着西装套装，打素色或黑色领带；女子穿素色衣裙，款式要保守，不宜穿金戴银和过分化妆。

2．餐饮礼俗

在饮食上，加拿大人大多数与英、法、美等国相同，口味偏重甜酸，喜欢清淡的、不辣的食品；烹调中不用调料，上桌后由用餐者自由选择。加拿大人爱吃炸鱼虾、煎牛排和羊排、鸡鸭、糖醋鱼、咕噜肉等，忌食各种动物的内脏。早餐爱吃吐司、麦片粥，喜欢喝下午茶、点心，晚餐爱喝清汤（加豆、小萝卜等）。

由于天气寒冷的缘故，不少加拿大人嗜好饮酒，十分喜爱威士忌、红葡萄酒、樱桃白兰地、香槟等。

3．社交礼俗

加拿大人因受欧洲移民的影响，其礼节大多与英、法两国相似。

居住在北极圈附近的因纽特人的审美观点和西方人不同，喜欢小鼻子。他们心目中的美女就是鼻子最小的姑娘。

加拿大人一般不喜欢黑色和紫色。

加拿大人忌送白色的百合花，因为其只在葬礼上使用。

（三）巴西

1．服饰礼俗

在正式场合，巴西人的穿着十分考究。他们不仅讲究穿戴整齐，而且主张在不同的场合里，人们的着装应当有所区别。在重要的政务、商务活动中，巴西人主张一定要穿西装或套裙。

2．餐饮礼俗

巴西是欧、亚、非三洲移民聚集之地，因此饮食上深受移民国的影响，融合了各个移民国的饮食习惯，又带有浓浓的巴西风味，使巴西美食成为独一无二的奇迹。美食分区明显是巴西美食的一大特色：巴西南部土地肥沃，草木生长茂盛，有众多的牧场，因此，烤肉就成为该地区最常见的大菜；而东北地区则主要以木薯粉和黑豆为食；其他地区则以大米、豆类为主食。

3．社交礼俗

巴西人相见时往往以握拳礼相互表示问候致敬。行此礼时，先要握紧拳头，然后向着上空伸出拇指。

在涉外交往中，为巴西人选购礼品时，要把原来的包装纸剪掉一点。因为巴西习俗观念认为，包装纸是管运气的，只有将它剪去一点，才能防止把别人的好运气带走。受礼时，巴西人总要当面打开礼品包装，然后再致谢收下。

在巴西印第安人区，人们的敬客礼是“沐浴礼”。当客人登门拜访时，主人则请客人入室洗浴。客人的洗浴时间越长，就越能表明对主人的敬意。在沐浴过程中，主人也可参与其中，宾主边浴边谈。当遇婚丧大事登门客人较多时，主人往往搭造临时浴棚，以确保向每位客人都行“沐浴礼”。

巴西人酷爱足球，在巴西人的生活中，踢足球居于重要的位置。

巴西人严忌以手帕作为礼品，他们认为手帕会引起吵架。若遇以手帕相赠时，受礼人就会当面把钱付上，以示这手帕是买的。

四、大洋洲

大洋洲是世界上第七大洲，有澳大利亚、新西兰等国家。16 世纪前，这里人烟稀少，只有土著人居住。后来随着英国和其他欧洲移民的迁居，大洋洲就成了英国等发达国家的殖民地。现在这一地区大多数国家已摆脱殖民统治而获得独立，其中最先独立的是澳大利亚。

（一）澳大利亚

1．服饰礼俗

澳大利亚人除了在极为正式的场合要穿西装、套裙之外，平时的一般穿着大都是 T 恤、短裤或牛仔装、夹克衫。由于阳光强烈，他们在出门之时，通常喜欢戴上一顶棒球帽。

澳大利亚的土著居民平时习惯于赤身裸体，至多是在腰上扎上一块围布遮羞。与着装不太讲究所不同的是，对于打扮他们十分在意。在身上，他们通常要佩戴额箍、鼻针、臂环、项圈等多种饰物，并且还要用石刀或贝壳刻出用以装饰的精致疤痕。有的时候，他们还会在身上扎上一些羽毛，并且涂上各种颜色。

2．餐饮礼俗

澳大利亚人的饮食习惯可谓多种多样。就主流社会而言，人们一般喜欢英式西餐。其特点是：口味清淡，不喜油腻，忌食辣味。有不少澳大利亚人还不吃味酸的食品。具体而言，澳大利亚人大都爱吃牛羊肉，对于鸡肉、鱼肉、禽蛋也比较爱吃。他们的主食是面包，爱喝的饮料有牛奶、咖啡、啤酒与矿泉水等。一般来讲，澳大利亚人不吃狗肉、猫肉、蛇肉，不吃动物的内脏与头、爪。他们十分厌恶加了味精的食物，认定味精好似毒药。

在用餐时，澳大利亚人使用刀叉。平时，澳大利亚人还很爱外出野餐，并以烧烤为主。

3．社交礼俗

澳大利亚是英联邦成员之一，其民族、宗教、语言、文化、生活习惯、待人接物等方面的习惯做法英国味道十足，在正式的官方交往与商务应酬中更是如此。

另一方面，由于近些年来英国地位的衰落与美国实力的膨胀，美国的社交礼俗已经日益深入澳大利亚社会，并且逐渐为澳大利亚人，特别是青年一代所接受，目前在交往应酬的各个方面，澳大利亚人的具体做法越来越显得美国化了。

如上所述，“亦英亦美”“以英为主”，可以说是澳大利亚人在人际交往中呈现出的第一个基本特点。

在澳大利亚，除了居于支配地位的英国移民的后裔之外，同时还生存着许多其他的民族。因此，澳大利亚的社交礼俗便形成了第二个基本特点，即兼收并蓄、多姿多彩。这一基本特点在澳大利亚人的日常性交往应酬中表现得十分明显。就见面礼节而论，他们行的既有拥抱礼、亲吻礼，也有合十礼、鞠躬礼、握手礼、拱手礼、点头礼，可谓无所不包。

澳大利亚地广人稀，澳大利亚人普遍乐于同他人进行交往，表现出质朴、开朗、热情的民族特色。过分地客套和做作，均会令其不快。在讲英语的国家中，澳大利亚人是最无拘无束、轻松自在、爱交朋友的人了。在公共场合，他们爱跟陌生人打招呼、聊天，并且爱请别人到自己家里做客。澳大利亚人的这种自由、实在劲儿，不但英国人难以相比，美国人往往也自愧不如。

合欢花与桉树是澳大利亚人最喜欢的植物，并且分别被定为澳大利亚的国花与国树。澳大利亚人最喜爱的动物是袋鼠。在澳大利亚人眼里，兔子是一种不吉利的动物。

在数字与日期方面，受基督教的影响，澳大利亚人对于“13”“666”与“星期五”普遍较为反感。

在人际交往中，爱好娱乐的澳大利亚人往往有邀请友人一同外出游玩的习惯，他们认为这是密切双方关系的捷径之一。对此类邀请予以拒绝会被他们理解成不给面子。

澳大利亚人崇尚人道主义和博爱精神。在社会生活中，他们乐于保护弱者。除了保护老人、妇女、孩子、弱小种族之外，他们还讲究保护私生子的合法地位，甚至将保护动物看作自己的天职。目前在澳大利亚有所谓“男人三不敢”之说，即男人不敢打老婆、不敢打孩子、不敢打宠物。议论种族、移民、宗教、工会和个人私生活以及等级、地位问题，通常最令澳大利亚人不满。

同澳大利亚人打交道时，还有下列四点事项需要特别注意：不喜欢将本国与英国处处联系在一起；不喜欢听“外国”和“外国人”这一称呼；对公共场合的噪声极其厌恶；基督徒有周日做礼拜的习俗，想在星期天与他们进行约会往往难于上青天。

（二）新西兰

1．服饰礼俗

新西兰人是欧洲移民的后裔，在日常生活里通常以穿着欧式服装为主。他们注重服饰质量，讲究庄重，偏爱舒适，强调因场合而异。正式盛大的集会大都穿深色西服或礼服，但在一般场合人们的穿着趋于简便。妇女打高尔夫球时都穿裙子。外出参加交际应酬时，新西兰妇女不但要身着盛装，而且一定要化妆。在她们看来，参加社交活动时化妆是一种基本的礼貌修养。周末假期人们出外郊游则是另一番打扮，十分休闲、随意。

新西兰毛利人的传统服饰鲜艳而简洁，富有民族特色，有披肩、围胸、围腰和短裙。最常见的是“比乌比武”短裙，用亚麻类植物织成，人们习惯称之为“毛利草裙”，现在多作为演出时的道具。毛利人最讲究的是羽毛大氅，过去只有酋长才能披戴，现在遇有盛大庆祝活动时毛利人穿上它迎接贵宾，以示庄重威严。现今毛利人平时的穿戴也是西装革履，并无异样。

2．餐饮礼俗

新西兰人的基本饮食习惯还是与其祖先英国移民一致，喜欢吃西餐，特别爱喝啤酒。新西兰人嗜好喝茶，一般每天喝茶七次。很多机关、学校、工矿企业都有喝茶的专用时间。茶店和茶馆几乎遍及新西兰各地。

由于盛产乳制品和牛羊肉，所以新西兰人的饮食中少不了这些食物。

3．社交礼俗

新西兰人结识、见面和告别均施握手礼。有的新西兰人对于同自己一样身份的人行鞠躬昂首礼。

在称呼姓氏时应冠以“先生”“夫人”或“小姐”。两次见面后就可直呼对方名字，这样更为亲切、诚恳。

新西兰人时间观念强，赴约守时。交谈话题大都涉及气候和体育运动（特别是橄榄球和板球），不愿谈及种族问题。

毛利人善歌舞，讲礼仪，当远方客人来访时，致以“碰鼻礼”，碰鼻次数越多、时间越长，说明礼遇越高。土著毛利人相信灵魂不灭，崇拜祖先和各种神灵、神圣的首领。聚会厅是毛利人祭祀祖先、为死者送葬以及喜庆节日举行集会的神圣场所，平时不准外人进入。

五、非洲

非洲位于东半球的西南部，面积仅次于亚洲，是人类起源地之一，曾经创造了灿烂的古代文明，具有悠久的历史和丰富的文化遗产。在过去的几个世纪中，由于长期受葡萄牙、西班牙、英国、法国、荷兰、比利时、德国以及意大利等殖民者的奴役，非洲成了一个贫穷落后的地区。直到 20 世纪末的二三十年，大部分非洲国家才先后独立。尽管目前从非洲来华的旅游者不多，但还是有必要对非洲人的基本习俗和礼节做个简要的介绍，以便未来热情友好地接待来自远方的朋友。

总体来说，南非文化倾向英国；北非国家使用阿拉伯语，信奉伊斯兰教，女人不能一起参加晚宴；法语系国家的礼节较非洲的其他国家正式，其礼俗是法国式的，如亲吻朋友的双颊表示祝福，喜欢法国酒和法国料理。

（一）埃及

1．服饰礼俗

埃及的传统服装是阿拉伯大袍，在农村不论男女仍以穿大袍者为多，城市贫民也有不少是以大袍加身。20 世纪 20 年代后期，西方服装逐步进入埃及。当地妇女喜欢戴耳环、手镯等饰品。在一些边远地区，女子外出还保留着蒙面纱的习俗。

2．餐饮礼俗

埃及人的主食有米饭、面饼等，素菜有豌豆、洋葱、黄瓜等，荤菜有牛肉、羊肉等。埃及人对虾、蟹和除肝以外的动物内脏及奇形怪状的食物不感兴趣。他们喜欢吃甜食，喝红茶和咖啡。伊斯兰教教徒忌食猪肉、忌饮酒，就餐前一般都要说：“以大慈大悲真主的名义。”

埃及人请客时菜肴丰盛，气氛热烈，主人总是希望客人多吃点。

埃及人有在咖啡摊上进食午餐的习惯，他们买一杯咖啡和几块点心，边吃边喝，别有一番情趣。他们进餐时，如果没有必要，一般不与人交谈。

古尔邦节，又称宰牲节，是伊斯兰教又一盛大节日，节日里根据经济能力宰羊屠牛，分发给平民、接待客人或馈赠亲友。

惠风节是埃及的传统节日。古埃及以农为本，人们都十分重视这个节日。这一天总要吃鸡蛋、腌鱼和生菜，因为鸡蛋被看作生命的象征和起源，葱绿的生菜象征春天的希望。

3．社交礼俗

埃及人正直、爽朗、宽容、好客，这一特殊的个性通称为“埃及风格”。埃及人见面介绍行握手礼，有的见面也行亲吻礼。人们最广泛使用的问候语是“祝您平安”，回答则是“也祝您平安”或“享受真主的慈悲和慈祥”。

进入清真寺时要脱鞋，穿超短裙、短裤不得进入。接送东西时要用双手或右手，千万不能用左手。

宴席间如果有人为了去祈祷而中途退席，客人要耐心等待。浪费食物，尤其浪费面饼，被认为是对神的冒渎。

斋月是伊斯兰教的传统祭礼月，在每年伊斯兰教历九月实行斋戒。守斋月是每个穆斯林的自觉行动。如无特殊原因，在守斋期间吃喝要罚斋，犯 1 天补 60 天，但病人和哺乳期妇女可在以后补斋。斋月一般为 30 天，但第 29 天见新月出现，则守斋 29 天，次日即为开斋节。该节日一般放假 3 天，是穆斯林的盛大节日。节日的第一天清晨，人们都穿戴得整整齐齐，去清真寺做礼拜。每家每户的大门白天都敞开着，恭候亲朋好友上门道贺。男女青年也爱选择这一天举办婚礼。

埃及人忌蓝色和黄色，认为蓝色是恶魔的象征，黄色是不幸的象征，遇丧事才穿黄衣服。埃及人还忌针，因为针在埃及是贬义词。每日下午 3 至 5 时是严禁买针和卖针的时间，以避“贫苦”“灾祸”。

与埃及人交谈时，要避免谈论中东政治及宗教，可谈及埃及领导人的威望及埃及古老的文明，忌谈熊猫（因为他们认为熊猫像猪）。

（二）坦桑尼亚

1．服饰礼俗

坦桑尼亚是个多民族国家，各族人都有自己的民族服饰。马萨伊族人的审美观很特别，他们以女子剃光头、男子梳辫子为美，还用牛血洗头染发，故该族的男子都黑脸红头发。男男女女都戴耳环。女子颈上有许多珠环，其圈数表示年龄。有的民族还以妇女纹面为美。

坦桑尼亚城镇居民穿着较讲究，男子喜欢穿猎装和 T 恤衫；女子上身穿一件月牙背心或圆领汗衫，下身穿色彩艳丽的裙子，头上通常还要包上一块花布。

2．餐饮礼俗

坦桑尼亚人一般食量较大，各民族的主要食品也不相同。有的主食牛羊肉，有的主食鱼虾，有的主食香蕉等，但普遍喜欢吃羊肉大米饭、烤羊肉、辣味鱼、咖喱鸡肉等。由于坦桑尼亚原属英国殖民地，有的人还带有英国人的某些生活习惯。

3．社交礼俗

坦桑尼亚人爱好音乐，能歌善舞。野牛舞、哈族舞等在坦桑尼亚舞蹈中都久负盛名。

坦桑尼亚人的名字没有严格的命名规则，随便什么器物及时令名词都可用作人名。

坦桑尼亚人待人热情诚恳，注重礼貌。在坦桑尼亚，无论被介绍给谁，都要与对方握手问好。

不要称呼坦桑尼亚人“黑人”，而应称其“非洲人”，否则是对他们的蔑视。交谈时不宜谈论国内的政治。

马萨伊族规定，通婚只限于本族内，与外族通婚要被严厉惩罚，并有指腹为婚的习惯。男子向女子求爱的方式是杀死一头狮子类的猛兽。妇女有用头顶搬东西的习惯。

参 考 文 献

[1] 李斌．国际礼仪与交际礼节[M]．北京：世界知识出版社，1982．
[2] 让·塞尔．西方礼节与习俗[M]．高凌瀚，译．上海：上海人民出版社，1987．
[3] 寺西千代子．国际礼仪手册[M]．齐东明，申光，译．长春：吉林文史出版社，1988．
[4] 马特维也夫．怎样使你彬彬有礼[M]．姚颂平，译．上海：上海人民出版社，1989．
[5] 侯宪举，周俊安．实用中外礼仪[M]．西安：西安交通大学出版社，1989．
[6] 乔修业．旅游美学[M]．天津：南开大学出版社，1990．
[7] 焦宏昌．中外禁忌与礼俗[M]．北京：中国人民大学出版社，1990．
[8] 国家旅游局人教司．导游业务[M]．北京：旅游教育出版社，1990．
[9] 林耀华．民族学通论[M]．北京：中央民族学院出版社，1990．
[10] 杨宗，聂嘉恩，郭全盛．中国实用禁忌大全[M]．上海：上海文化出版社，1991．
[11] 潘肖珏．公关语言艺术[M]．上海：同济大学出版社，1991．
[12] 周文柏．中国礼仪大辞典[M]．北京：中国人民大学出版社，1992．
[13] 陈本林．涉外知识大全[M]．上海：上海人民出版社，1992．
[14] 胡世福．旅游服务接待礼节礼貌常识[M]．北京：高等教育出版社，1992．
[15] 向翔．自然美与人[M]．昆明：云南大学出版社，1992．
[16] 马桂茹，张文俊．仪表美与训练[M]．北京：中国旅游出版社，1993．
[17] 李子贤．文化·历史·民俗[M]．昆明：云南大学出版社，1993．
[18] 张彦．涉外礼仪[M]．南京：译林出版社，1993．
[19] 体义，红雨．礼仪禁忌[M]．长春：吉林教育出版社，1994．
[20] 单元．民间交际礼仪通书[M]．南昌：江西科学技术出版社，1994．
[21] 秦启文．现代公关礼仪[M]．重庆：西南师范大学出版社，1994．
[22] 梁珊．现代公关与礼仪[M]．太原：山西教育出版社，1994．
[23] 刘崇．客房服务[M]．北京：中国财政经济出版社，1994．
[24] 袁革．社交礼仪与口才[M]．北京：中国商业出版社，1995．
[25] 赵景卓．公关礼仪[M]．北京：中国财政经济出版社，1995．
[26] 卢慧．礼节礼仪常识[M]．大连：大连理工大学出版社，1995．
[27] 雷绍锋．中国风俗与礼仪[M]．武汉：湖北人民出版社，1995．
[28] 杨启辰．公关礼仪[M]．银川：宁夏人民出版社，1995．
[29] 王琦珍．礼与传统文化[M]．南昌：江西高校出版社，1995．
[30] 王烨发．涉外公关与礼仪[M]．太原：山西经济出版社，1995．
[31] 杨继明．实用公关礼仪[M]．海口：海南国际新闻出版中心，1996．
[32] 李柠．电话礼仪[M]．北京：中国财政经济出版社，1996．
[33] 关彤．接待礼仪[M]．海口：南海出版公司，1996．
[34] 金正昆．国家公务员礼仪教程[M]．北京：高等教育出版社，1996．
[35] 李荣建，宋和平．外国习俗与礼仪[M]．武汉：武汉大学出版社，1996．

[36] 谢伯端．实用演讲与口才[M]．武汉：华中理工大学出版社，1996.
[37] 王继平．服饰文化学[M]．武汉：华中理工大学出版社，1996.
[38] 李鸿军．交际礼仪学[M]．武汉：华中理工大学出版社，1997.
[39] 张四成．现代饭店礼貌礼仪[M]．广州：广东旅游出版社，1997.
[40] 莱蒂茨亚・鲍尔德里奇．企业人礼仪手册[M]．陈芬兰，译．海口：海南出版社，1997.
[41] 张文．酒店礼仪[M]．广州：华南理工大学出版社，1997.
[42] 陆永庆．现代旅游礼仪学[M]．青岛：青岛出版社，1998.
[43] 金正昆．商务礼仪教程[M]．北京：中国人民大学出版社，1999.
[44] 金正昆．涉外礼仪教程[M]．北京：中国人民大学出版社，1999.
[45] 杨军，陶犁．旅游公关礼仪[M]．昆明：云南大学出版社，2000.
[46] 田光占．旅游礼仪[M]．成都：西南财经大学出版社，2001.
[47] 北京康世经济发展研究所．白领礼仪[M]．北京：中华工商联合出版社，2001.
[48] 王军．公关礼仪[M]．武汉：华中理工大学出版社，2002.
[49] 陈刚平，周晓梅．旅游社交礼仪[M]．北京：旅游教育出版社，2003.
[50] 胡静．实用礼仪教程[M]．武汉：武汉大学出版社，2003.
[51] 陈刚平．旅游社交礼仪[M]．北京：旅游教育出版社，2006.
[52] 陆永庆，王春林，郑旭华．旅游交际礼仪[M]．大连：东北财经大学出版社，2006.
[53] 朱燕．现代礼仪学概论[M]．北京：清华大学出版社，2006.
[54] 徐觅．现代商务礼仪教程[M]．北京：北京邮电大学出版社，2008.
[55] 周思敏．你的礼仪价值百万[M]．北京：中国纺织出版社，2009.
[56] 林语堂．说话的艺术[M]．西安：陕西师范大学出版社，2009.
[57] 何国松．交际与口才[M]．长春：吉林大学出版社，2010.
[58] 文源．礼仪常识全知道[M]．北京：中国工人出版社，2011.
[59] 陈静．职场礼仪一本通[M]．南昌：百花洲文艺出版社，2012.
[60] 蒋佩蓉，李佩仪．佩蓉谈商务礼仪和沟通[M]．西木，于乐，译．北京：中华工商联合出版社，2012.
[61] 金正昆．社交礼仪[M]．北京：京华出版社，2013.
[62] 金正昆．服务礼仪[M]．北京：京华出版社，2013.
[63] 吴蕴慧．现代礼仪实训[M]．镇江：江苏大学出版社，2013.
[64] 经典读库编委会．形象礼仪价值百万[M]．呼和浩特：内蒙古人民出版社，2013.
[65] 杨路．高端商务礼仪：56 个细节决定商务成败[M]．北京：北京联合出版公司，2013.